GRUNDSTEINE

KUNST 2

Lehrerheft

Rainer Büchner
Bernd Dehne
Erika Kern
Helmuth Kern
Friedhelm Niggemeier
Michael Schelken
Karl-Heinz Simon
Karin Rottmann

Ernst Klett Schulbuchverlag
Stuttgart Düsseldorf Berlin Leipzig

Dieses Lehrerheft bezieht sich auf das Schülerbuch **„Grundsteine Kunst 2"**
Bestellnummer 2052

Verfasser der einzelnen Beiträge

Malerei, S. 6 – 15	Karin Rottmann
Grafik, S. 16 – 32	Rainer Büchner
Plastik, S. 33 – 48	Erika und Helmuth Kern
Architektur, S. 49 – 63	Michael Schelken
Design, S. 64 – 79	Friedhelm Niggemeier
Foto-Video, S. 80 – 87	Karl-Heinz Simon
Computer, S. 88 – 93	Bernd Dehne

Quellentexte und Zitate sind durch *Kursivschrift* ausgezeichnet.
Verweise auf Seitenzahlen oder Abbildungen im Lehrerheft sind mit dem Zusatz LH gekennzeichnet. Ansonsten beziehen sich alle Verweise auf das Schülerbuch Grundsteine 2.
Erklärungen zu den Aufgaben wurden der Zuordnung halber im Lehrerheft durchnumeriert.

Gedruckt auf Papier aus chlorfrei gebleichtem Zellstoff, säurefrei.

1. Auflage 1 5 4 3 2 | 1998 97 96 95

Alle Drucke dieser Auflage können im Unterricht nebeneinander benutzt werden, sie sind untereinander unverändert. Die letzte Zahl bezeichnet das Jahr dieses Druckes.

Redaktion: Gabriele Betz
Umschlag: Neil McBeath, Kornwestheim
Satz: Setzerei Hahn, Kornwestheim
Druck: Röck, Weinsberg
ISBN 3-12-205230-x

Vorwort 4

Malerei
1. Didaktisch-methodische Erläuterungen 6
2. Kommentar zu den Doppelseiten 8

Grafik
1. Didaktisch-methodische Erläuterungen 16
2. Kommentar zu den Doppelseiten 17

Plastik
1. Didaktisch-methodische Erläuterungen 33
2. Kommentar zu den Doppelseiten 35

Architektur
1. Didaktisch-methodische Erläuterungen 49
2. Kommentar zu den Doppelseiten 50

Design
1. Didaktisch-methodische Erläuterungen 64
2. Kommentar zu den Doppelseiten 65

Foto-Video
1. Didaktisch-methodische Erläuterungen 80
2. Kommentar zu den Doppelseiten 80

Computer
1. Didaktisch-methodische Erläuterungen 88
2. Kommentar zu den Doppelseiten 90

Bild- und Literaturnachweis 94

Grundsteine Kunst 2

Mit dem Lehrwerk Grundsteine Kunst 2 liegt ein weiterer Band unserer Reihe vor. Der Konzeption der Reihe entsprechend ist auch der Band 2 als Arbeitsbuch konzipiert, aber weniger zum Selbststudium für die Schülerinnen und Schüler gedacht als vielmehr zum gemeinsamen Arbeiten und Erarbeiten im Hinblick auf bildnerische Probleme.

Zur Struktur des Buches

Das Lehrwerk ist in die sechs Arbeitsbereiche Malerei, Grafik, Plastik, Architektur, Design und Foto-Video-Computer unterteilt. Der Lebens- und Erfahrungswelt der Schülerinnen und Schüler dieser Altersstufe entsprechend entfiel der Bereich Figur und Spiel zugunsten eines eigenen Kapitels Design. In zunehmendem Maß entdeckt die Industrie die Jugendlichen als potentielle Konsumenten. Um so wichtiger ist es, den Schülerinnen und Schülern Kriterien an die Hand zu geben, nach denen die Qualität der gestalteten Umwelt besser eingeschätzt und beurteilt werden kann.

Die einzelnen Kapitel sind in Doppelseiten aufgeteilt, die wiederum kleine, abgeschlossene Einheiten innerhalb des Arbeitsbereichs bilden.

Neu hinzugekommen ist eine Übersicht über die Epochen- und Zeitgeschichte. Die verschiedenen Beispiele aus dem Buch lassen sich so in einen kulturgeschichtlichen Rahmen einbetten, der das Verständnis für diese Zeit zusätzlich fördert.

Das daran anschließende erweiterte Inhaltsver-zeichnis hilft bei der Einteilung der Arbeitbereiche nach unterschiedlichen Gesichtspunkten. Es dient der Übersichtlichkeit und erleichtert das Auffinden von Verknüpfungsmöglichkeiten zwischen den einzelnen Bereichen.

Zur Konzeption des Buches

Grundsteine Kunst 2 ist als inhaltliche Fortführung des ersten Bandes Grundsteine Kunst 1 zu verstehen. Diese dort angelegten ersten Ansätze eines Hinterfragens künstlerischer Leistungen und Werke werden hier fortgeführt und vertieft. Auswahl und Aufarbeitung der Themen beziehen sich einerseits auf die Bildungs- und Lehrpläne der Bundesländer für das 7. und 8. Schuljahr, andererseits liegen didaktische Überlegungen zu exemplarischen Aspekten der Werkbetrachtung und der Gestaltung zugrunde.

Neben den fachlich vorgegebenen Inhalten der Lehrpläne versuchen die Autoren vor allem, das Interesse der Jugendlichen im Alter von 13-15 Jahren zu berücksichtigen und deren Situations- und Lebenswirklichkeit miteinzubeziehen. Das naturgetreue Abbilden, „so echt wie möglich“, nimmt in dieser Altersstufe einen wichtigen Platz ein und zieht sich daher wie ein roter Faden durch alle Kapitel.

Der in den Lehrplänen geforderte kunstgeschichtliche Überblick spiegelt sich vor allem im Abbildungsmaterial. Die Auswahl erfolgte neben der didaktischen Vermittlungsabsicht auch im Hinblick auf den Aufforderungscharakter zum Betrachten. Die Bilder und Kunstwerke sollen nicht als „Vorbild“ dienen, sondern über sich hinausweisen mit dem Ziel, einen Transfer zum eigenen ästhetisch-bildnerischen Gestalten zu leisten. Für die Werkbetrachtung werden weitere wichtige Begriffe eingeführt, um den fachlich orientierten Wortschatz der Schülerinnen und Schüler zu erweitern.

Das Buch versteht sich nicht als Lehrwerk mit strikten Arbeitsvorgaben, sondern möchte ein Informationsangebot sein, aus dem je nach Thema, Neigung und Interessen ausgewählt wird. Der enge Bild- und Textbezug der Doppelseite soll zur Reflexion und zum Gespräch anregen. Die einzelnen Doppelseiten können getrennt voneinander behandelt werden, d.h., es muß im Unterricht auch nicht ein ganzes Kapitel durchgearbeitet werden. Damit lassen sich freiere Arbeitsformen fördern.

Auch wenn das Angebot für die Verwendung eines Schulbuchs im Kunstunterricht die Vermutung nahelegt, sollen kognitive oder theoretische Inhalte keinesfalls die Oberhand gewinnen. Viel wichtiger ist in unserer bilderüberfüllten Welt die Erfahrung des genauen Hinschauens. Das Seherlebnis soll, ebenso wie die sprachliche Formulierung des Gesehenen und dessen Umsetzung in kreative Prozesse gefördert werden. Die Jugendlichen sollten, so oft es geht, die Möglichkeit erhalten, originale Kunst anzuschauen, sei es in Museen oder Galerien oder bei Werkstattbesuchen. Diese Form der Annäherung an das Werk einer Künstlerin oder eines Künstlers ist ein sehr persönlicher und auch bereichernder Zugang. Daher finden sich im Buch auch mehrere Beispiele, die dazu anregen wollen, einen Werkstattbesuch zu organisieren und damit auch lokales und regionales Kunstschaffen in den Kunstunterricht miteinzubeziehen.

Einblicke gewinnen, neue Erkenntnisse verwerten, Denken nicht nur in linearen, sondern in vernetzten Strukturen lernen sind einige der Ziele des fächerverbindenden Unterrichts. Ansätze dazu bieten die Grundsteine Kunst 2, die im Lehrerheft durch zusätzliche Vorschläge ergänzt werden.

Die Fragen am Ende der jeweiligen Doppelseite sind als Arbeits- und Gestaltungsvorschläge zu verstehen. Sie geben Anregungen zur Text- und Bildarbeit und sollen die Schülerinnen und Schüler schrittweise zu eigenen Fragestellungen und Arbeitsanregungen führen.

Lehrerheft

Das umfangreiche Lehrerheft enthält neben allgemeinen didaktischen und fächerverbindenden Bemerkungen zu jedem Kapitel gezielte Informationen, weiteres Bildmaterial, zusätzliche Aufgabenstellungen und Literaturangaben.

Das inhaltliche Angebot der Reihe „Grundsteine Kunst“ versteht sich als „Steinbruch“, aus dem nach Bedarf entnommen werden kann. An ein vollständiges Durcharbeiten des Buches ist nicht gedacht. Es ist vielmehr als offenes Angebot konzipiert und die Lehrerin/der Lehrer entscheidet, auf welche Art und Weise der Unterricht gestaltet wird und wie das Material eingesetzt werden soll.

Das Lehrerheft entlastet vom Suchen und Zusammentragen von Hintergrundswissen und läßt somit der Lehrerin/dem Lehrer mehr Zeit für die pädagogische Dimension der Arbeit im Kunstunterricht.

Autoren und Verlag

1. Didaktisch-methodische Erläuterungen

Malerei ist einer der klassischen Bereiche des Kunstunterrichts. Meist werden exemplarisch gerade an dieser Gattung Methoden der Werkbetrachtung und Aspekte der Kunstgeschichte vorgestellt, sowie einige grundlegende Techniken der Malerei eingeübt.

Das Kapitel Malerei in den Grundsteinen Kunst 2 greift diese Aspekte auf, indem es an eine Kunst- und Werkbetrachtung heranführt und verschiedene Methoden des Zugangs zu einem Kunstwerk vorstellt. Die Aspekte werden sowohl in große als auch in kleine Unterrichtsreihen und -sequenzen eingebettet.

Werkbetrachtung

Den Schülerinnen und Schülern werden sprachliche Beschreibungs- und Analysehilfen an die Hand gegeben, die es erlauben, verbal erste Beobachtungen zu Kunstwerken zu äußern (S. 7, 13, 17).

Um Werkprozesse nachzuvollziehen, werden in diesem Kapitel zwei unterschiedliche Malereikonzepte vorgestellt, die zum Werk der Kunstschaffenden in Beziehung gesetzt sind (S. 10–13, 22/23).

Die Bildbetrachtungen des Kapitels beziehen sich auf formale und inhaltliche Kategorien und stehen im Zusammenhang mit kunstgeschichtlich-hermeneutischen Methoden, die entsprechend der Altersstufe didaktisch reduziert angeboten werden. So werden im Schülerbuch an ausgewählten Bildbeispielen die Merkmale des naturgetreuen Darstellens (S. 20/21) untersucht. Im Unterrichtsgespräch kann die Werkbetrachtung anhand folgender Fragestellungen allmählich in einem dreistufigen Aufbau geübt werden:

- Was ist auf dem Gemälde zu sehen? (Bildbeschreibung)
- Wie ist es dargestellt? (Analyse der formalen Gegebenheiten)
- Warum ist es so dargestellt? (Deutung und Erklärung)

Daneben sollen aber auch Rezeptionsstrategien aus der Bilderwelt des Betrachters aktiviert werden, dann jeder Mensch kann eigene Erfahrungen und Vorstellungen in den Deutungsprozeß miteinbringen. Eine Möglichkeit sind Traumreisen in die Bilder hinein oder auch fiktive Interviews mit den Figuren der Gemälde (S. 21, 24, 26). Ziel ist dabei nicht nur das Herausarbeiten der Bilderwelten der heutigen Rezipienten, sondern auch das Einüben kreativer Umgangsformen mit Kunstwerken und das Freisetzen von Phantasie.

Kunstgeschichte

Eingebettet ist die Werkbetrachtung zum großen Teil in kunstgeschichtliche Zusammenhänge, wobei Mittelalter, Renaissance (S. 18/19) und der Impressionismus (S. 24–26) als Epochen des Umbruchs beispielhaft angesprochen werden. Entsprechend dem Bedürfnis der Heranwachsenden nach naturnaher Wiedergabe des Wahrgenommenen zieht sich durch das Kapitel die Fragestellung, wie Realität im Bild ausgedrückt wird und welche spezifischen Möglichkeiten die Malerei entwickelt hat.

Vor allem in der Renaissance kommt der Wunsch nach der naturgetreuen Wiedergabe der Welt im Vergleich zur mittelalterlichen Kunst exemplarisch zum Ausdruck und kann durch philosophisch-gesellschaftliche Wandlungen untermauert werden.

Eine ähnlich weitgreifende Umbruchsituation ergab sich im 19. Jahrhundert, als die Fotografie der Kunst, hier der Malerei, scheinbar die Aufgabe abnahm, die Wirklichkeit naturgetreu abzubilden. Der Impressionismus, einerseits Höhepunkt naturalistischer Auffassung, andererseits aber auch schon radikale Abkehr von den tradierten Darstellungsweisen der Malerei, öffnet den Weg in die Moderne, dem sich das Kapitel Malerei im 3. Band der Grundsteine Kunst widmen wird.

Techniken und Werkstoffe

Die Kunstgeschichte ist nicht nur eine Geschichte der wechselnden Inhalte und gesellschaftlich-philosophischen Ansichten, sondern auch eine der Werkstoffe und Materialien und der damit zusammenhängenden technischen Entwicklungen. So gab es nicht zu allen Zeiten Ölfarben. Aber erst diese Erfindung machte es möglich, vollendete illusionistische Bilder zu malen.

Diesem Zusammenhang geht das Schülerbuch in Theorie und Praxis nach (S. 14–17).

Es sollen selbst Farben hergestellt und an diesen überprüft werden, inwieweit und für welche künstlerische Techniken sie geeignet sind.

Dem Experimentellen und der eigenständigen Arbeit sollte bei der Arbeit mit dem Kapitel viel Gelegenheit gegeben werden, damit folgende Ziele erreicht werden können:

- Verbalisierungsstrategien selbständig anwenden
- Werkstoffe herstellen, untersuchen, vergleichen
- eigene Vorstellungen mit anderen vergleichen – aktiv dialogisch vorgehen
- phantasievoll mit Kunstwerken umgehen
- ins Museum gehen und originale Kunstwerke betrachten
- Künstlerateliers besuchen und mit Künstlerinnen und Künstlern ins Gespräch kommen
- aktiv am Kulturleben teilnehmen, ästhetische Handlungskompetenz erwerben

Vorschläge zur Arbeit mit dem Kapitel

Das Kapitel des Buches sollte möglichst nicht als linear durchzuarbeitender Kurs im Unterricht aufgefaßt, sondern innerhalb von thematischen Unterrichtsreihen eingesetzt werden. Denkbar wären folgende Ansätze:

1. Die Ausdrucksmittel von Kunst

S. 5, 6, 7. (Gattungsübergreifend: Auftaktseiten der einzelnen Kapitel)

2. Die Spannbreite der Malerei zwischen gegenständlicher und ungegenständlicher Kunst

(S. 8 und 9, aber auch 10–13 und 22/23).
Ausgangsidee für diese Reihe könnte die Diskussion über ein provozierendes Kunstwerk sein mit der Frage: „Ist das Kunst?“

3. Ein Motiv: Malpaletten

(S. 5 und 8/9). Drei hier vorgestellte Kunstwerke können verglichen und auf ihre Aussageabsichten hin untersucht werden.

4. Anleitung zu einem Atelierbesuch

Der Besuch bei Pia Fries stellt einerseits das Werk der Künstlerin vor und zeigt andererseits, wie ein Atelierbesuch strukturiert werden kann und wie man ein Interview macht.

5. Analyse von Werkprozessen

Im Schülerbuch werden an zwei ganz unterschiedlichen Malereikonzepten Werkprozesse untersucht (S. 10–13 und 22/23). Die Arbeit mit dem Buch kann hier als Vorbereitungssequenz für einen Museumsbesuch genutzt, aber auch in die zweite oben vorgestellte Themenreihe integriert werden.

6. Techniken und Werkstoffe der Malerei

In dieser Reihe werden Farben selbst hergestellt und analysiert (S. 16/17 bzw. 14–17). Der Schwerpunkt der Arbeit kann im Experimentellen liegen, z. B. Versuchsanordnungen entwerfen, arbeitsteilige Arbeitsweisen erproben ... Eine Anbindung an die Kunstgeschichte ist möglich.

7. Die Kunstgeschichte vom naturgetreuen Abbilden der Natur

Mittelalter, Renaissance, 19. Jahrhundert, Impressionismus, Gegenwart (S. 18–26).

8. Bilder vom Menschen (Porträts)

Entsprechend der entwicklungspsychologischen Situation der Heranwachsenden ist eine Auseinandersetzung mit dem Bild des Menschen sinnvoll. Jedoch sollte hier kein kunsthistorisches Vorgehen, sondern kreative Formen der Werkbetrachtung gewählt werden: Was denken die Menschen auf den Bildern? Die Monologe werden anschließend vorgelesen und die Klasse rät, um welches Bild es sich handelt. Für diese Unterrichtsreihe können die Abbildungen S. 18, 19, 20, 22, 24, 25 herangezogen werden. Sinnvoll ist eine Ergänzung des Bildmaterials beispielsweise durch Drucke der Klett Schulgalerie sowie Kunstpostkarten.

9. Bilder vom Leben – damals und heute

Kunstwerke vermitteln auch die Lebensvorstellungen einer Zeit. Im Bildvergleich können Schülerinnen und Schüler versuchen, dem Zeitgeist vergangener und gegenwärtiger Epochen auf die Spur zu kommen (S. 20, 21, 26 und 29). Auch hier können spielerische, kreative Untersuchungsmethoden die Motivation zur Arbeit unterstützen. Das Bildmaterial läßt sich durch weitere Kunstpostkarten, Museumsplakate, Fotos ... ergänzen.

10. Bilder betrachten

Ein Museumsbesuch oder Atelierbesuch kann Anlaß sein, die Methoden der Werkbetrachtung zusammenzutragen, die in den Grundsteinen Kunst 2 vorgestellt werden:

- Adjektivlisten zur Bildwirkung oder zur Charakteristik von Personen zusammentragen (S. 6, 7)
- Motive auf Bildern vergleichend betrachten (S. 8, 9)
- Künstler und Künstlerinnen zu ihren Bildern befragen (S. 10, 11)
- Die Aussagen von Künstlerinnen und Künstlern auf ihre Werke beziehen (S. 12)
- Werkspuren in Bildern auffinden und mit Verbenlisten untersuchen (S. 12/13)
- Unterschiedlich gestaltete Bilder auf ihren Werkprozeß hin untersuchen (S. 12/13 und S. 22/23)
- Temperabilder mit Ölfarbenbildern vergleichen (am besten vor Originalen), Malereien aus anderen Techniken entsprechend untersuchen (S. 14–17)
- Bilder vergleichen und Unterschiede feststellen (S. 18/19, 24/25)
- Gestaltungsmerkmale in Bildern wiederfinden (S. 20/21)
- Rollenspiele zu Bildern entwickeln (S. 24/25)
- Fiktive Interviews mit Figuren der Bilder machen,
  die Gedanken der Figuren versprachlichen,
  das Bild nachstellen,
  beziehungsweise szenisch interpretieren,
  Veränderungen an Bildern vornehmen und vergleichen (S. 20/21, 24/25, 26)

Fächerverbindende Ansätze

Bei der Werkbetrachtung ergeben sich enge Verbindungen zum Deutschunterricht. Gerade die im Kapitel vorgestellten Wortlisten können im Deutschunterricht durch weitere Verfeinerung, Systematisierung und zusätzliche Wortfeldarbeit untersucht werden. Auch die Interviewtechnik ist eine klassische Aufgabenstellung des Deutschunterrichts.

Im kunsthistorischen Zusammenhang ergeben sich Querverbindungen zu den Fächern Geschichte, Religion, Politik und Sozialkunde. Ästhetische Phänomene in der Kunst lassen sich so durch weitere historische, religiöse, philosophische und soziologische Aspekte ergänzen. Nur fächerverbindend kann ein Phänomen wie der Zeitgeist genauer betrachtet werden.

Im Chemieunterricht können in Verbindung mit dem experimentellen Farbteil die Grundlagen der Farbchemie entsprechend aufbereitet werden.

Ein projektorientierter Ansatz, auch im Hinblick auf Freiarbeit, wäre für den Kunstunterricht wünschenswert. Einige der vorgestellten Unterrichtsreihen können den Schülerinnen und Schülern auch als Ideen für Projektwochen vorgeschlagen werden.

2. Kommentar zu den Doppelseiten

Anselm Kiefer: Palette mit Flügeln

(S. 5)

Die Auftaktseite zum Kapitel Malerei zeigt Anselm Kiefers Palette mit Flügeln von 1985, eine Bleiskulptur. Zunächst mag verwundern, daß gerade eine Skulptur in das Kapitel Malerei einführen soll. Diese und die folgende Doppelseite verdeutlichen aber einleitend für das Schülerbuch den gattungsübergreifenden Aspekt von Kunst. In der modernen und zeitgenössischen Kunst verwischen sich die klaren Zuordnungen: Im Ready Made wird ein Industrieprodukt zur Skulptur, die Collage ist nicht Malerei, nicht Grafik.

Kiefers Skulptur wurde als Auftakt gewählt, weil seine Palette als Metapher für Malerei und Künstlertum verstanden werden kann. Sie hat Flügel bekommen und kann sich wie ein Vogel in die Luft, in den Himmel, in überirdische Dimensionen erheben. Die Skulptur verkörpert den Traum der Malerei und das Ideal des Künstlertums schlechthin: Kunst will frei sein und will neue Welten erobern. Der Werkstoff Blei unterstreicht mit seiner weichen und leichten Formbarkeit den Charakter der Arbeit, denn er ist durch seine Eigenschaften dem Wesen der Phantasie verwandt. Dabei wirkt die Skulptur eher labil. Wie leicht droht der Absturz dieses Gebildes?

Ein Vergleich zwischen Kiefers Skulptur, Jim Dines Vergnügungspalette und dem Selbstporträt der Catharina van Hemessen läßt die Malerpalette in unterschiedlichen Funktionen und Bedeutungen erscheinen (vgl. Kommentar zu S. 6/7).

Literatur:

Über Räume und Völker. Ein Gespräch mit Anselm Kiefer, Nachwort von Klaus Gallwitz. Frankfurt am Main 1990

Stefan Mann: Über Räume und Völker. Faltblatt der Städtischen Galerie im Städelschen Kunstinstitut, Frankfurt am Main o. J.

Augen für die Kunst

(S. 6/7)

Das „Augen-Plakat" thematisiert nicht nur die Malerei, sondern auch andere künstlerische Gattungen, wie Zeichnung, Druckgrafik, Fotografie und Skulptur. Hier können die unterschiedlichen Werkstoffe und Techniken betrachtet und die besonderen künstlerischen Darstellungsmöglichkeiten der einzelnen Techniken an einem Motiv herausgearbeitet werden.

Folgende Augenmotive sind auf dem Plakat der Staatlichen Museen und Sammlungen in Bayern dargestellt (von links oben nach rechts unten):

1. ägyptische Wandmalerei
2. Kopf eines Kriegers, Westgiebel des Aphaiatempels/Ägina; um 500 v. Chr.
3. Marc Chagall: Selbstbildnis
4. Pablo Picasso: Madame Soler
5. Andy Warhol: Marylin Monroe
6. Japanische Maske
7. Alexej Jawlensky: Großer Frauenkopf auf Rot
8. Albrecht Dürer: Selbstbildnis
9. Edward Steichen: Gloria Swanson
10. Holzplastik: Christkind, Landsberg um 1480

Anmerkungen zu den Aufgaben S. 7

Die Adjektivliste auf S. 7 soll durch die sprachliche Differenzierung auch die visuelle Wahrnehmung der Schülerinnen und Schüler sensibilisieren. Arbeitsteilig können die Plakatdetails mit Hilfe der Adjektivliste untersucht werden.

In einem praktischen Teil können die besonderen Gestaltungsmöglichkeiten der Kunstgattungen für die Schülerinnen und Schüler noch einmal nachvollzogen werden. Gestellt werden könnte ein Thema wie „die Hand", das in Malerei, Zeichnung, Fotografie, Fotokopie, als Relief, als Gipsguß, eventuell auch als Ready Made (Handschuh) umgesetzt werden sollte. Vorstellbar ist auch eine Gemeinschaftsarbeit, in der die verschiedenen Kunstgattungen am neuen Thema vorgestellt werden, zum Beispiel als Wandgestaltung in Form einer Montage oder als Ausstellung von Bildern, Reliefs und Objekten in verschiedenen Techniken. In ähnlicher Weise ließen sich auch Münder und Füße darstellen.

Was Malerei alles kann

(S. 8/9)

Diese Doppelseite vergleicht alte Kunst mit neuer Kunst und stellt damit auch zwei verschiedene Auffassungen von Malerei vor.

In einem traditionellen Sinne ist die Palette im Selbstporträt der Catharina van Hemessen eingebracht. Sie ist ein Requisit und repräsentiert das Handwerkszeug einer Malerin oder eines Malers. Es wird demonstriert, wie die Palette benutzt wird. Die Palette hat hier im Bild eine narrative Funktion. Die Malerin arbeitet mit feinen Pinseln. Die Hand, die die Palette und die Pinsel hält, umgreift auch den Malstock, der die Hand beim Malen stützen kann.

Catharina van Hemessen stellt sich als Porträtmalerin vor. Das Bild, das sie gerade an der Staffelei bearbeitet, zeigt bereits ein Porträt, das sich durch die Inschrift „Ego Caterina de Hemessen me pinxi 1548" als Selbstbildnis ausweist. Es ist die Selbstdarstellung einer Zwanzigjährigen, die, was im 16. Jahrhundert noch ungewöhnlich war, selbstbewußt den eigenen Schaffensprozeß und damit ihre Berufstätigkeit im Bild festhielt.

Eine ganz andere Funktion hat die Palette in Jim Dines Gemälde von 1969. Sie erscheint als eine überdimensionierte echte Malerpalette (es ist wichtig, auf das Format hinzuweisen: 152 x 102 cm) mit aufgedrückten und zum Teil vermalten Farben. Jim Dine hat hier das Mittel des „Blow up" angewandt. Er vergrößert den an sich belanglosen Gegenstand, der nur dazu dient, ein Kunstwerk zu schaffen. Diese Strategie wendeten viele Künstler der Pop-art an. Ihr Anliegen war es, den Alltagsgegenstand an sich wieder in die Kunst einzubringen. Indem hier die Palette so stark vergrößert ist, werden die Farbflecken nicht nur als Palettenkleckse aufgefaßt, sondern auch als abstrakt-bunte Komposition mit zum Teil atmosphärisch-illusionistischen Partien. Auf diese Weise werden gegenständliche und ungegenständliche Kunst vereint (vgl. auch Kommentar zu S. 5).

Weiterführende Anregungen zur Unterrichtsgestaltung

Neben der Ausdeutung der Werke und deren Vergleich kann außer der im Schülerbuch aufgeführten Aufgabenstellungen ein weiterer praktischer Auftrag angeführt werden: Die Abbildungen des Kapitels Malerei lassen sich auf ihre Farbpalette hin untersuchen. Dazu wird die nebenstehende Skizze (LH, Bild 1) auf einen Zeichenkarton übertragen und die Farbtöne des zu untersuchenden Gemäldes aufgemalt. Die Quantitäten können durch die Größe der Kleckse angegeben werden. Die Arbeitsergebnisse lassen sich in ein Ratespiel integrieren, wenn arbeitsteilig vorgegangen wird und die Schülerinnen und Schüler die Bilder zuordnen müssen.

Übertragbar ist die Aufgabe auch auf andere Bildbeispiele aus der Malerei. Geeignete Medien sind die Drucke aus der Klett Schulgalerie, die zusammen mit den Schülerfarbpaletten zu einer Ausstellung zusammengestellt werden können.

Neben der Erarbeitung der hier vorgestellten Zusammenhänge kann in einer Kurzreihe eine Reflexion über die Frau als Künstlerin angeregt werden. Als Ausgangspunkt dient das Selbstporträt der Catharina van Hemessen. Es könnte eine Statistik angefertigt werden, die die Grundsteine Kunst 2 auf den Proporz von Männern und Frauen hin untersucht. Die Auswertung bietet die Möglichkeit einer fächerverbindenden Zusammenarbeit mit dem Sozialkundeunterricht.

Literatur:

Handbuch Museum Ludwig. Kunst des 20. Jahrhunderts, Köln 1979

Krull, Edith: Kunst von Frauen, Frankfurt am Main 1984

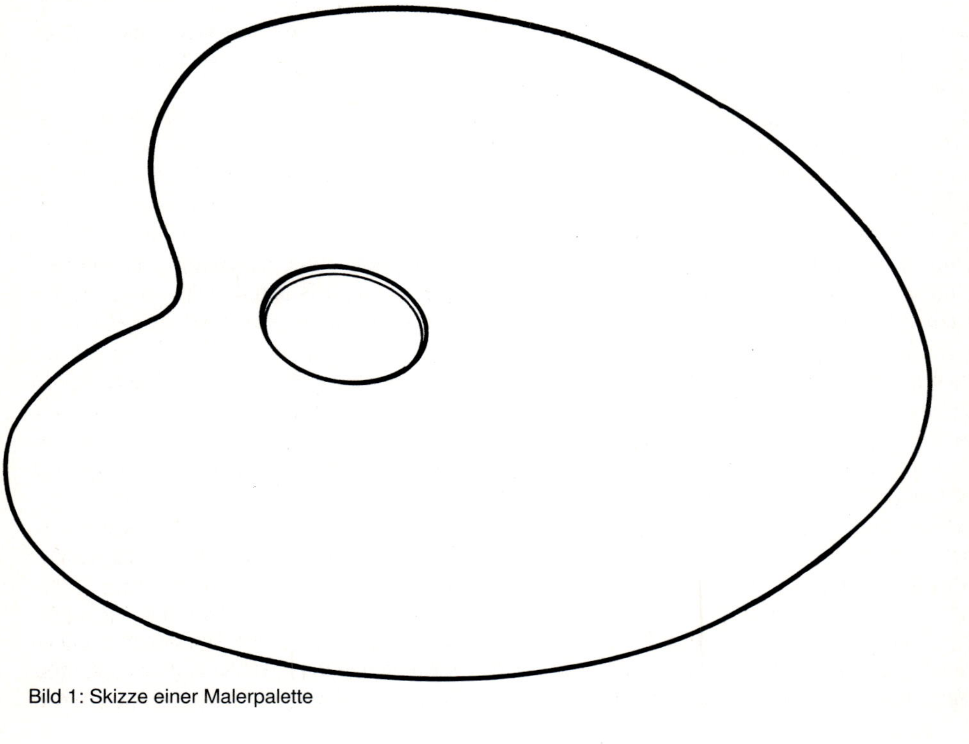

Bild 1: Skizze einer Malerpalette

Besuch im Atelier von Pia Fries

(S. 10/11)

Diese Doppelseite stellt das Werk der in Düsseldorf lebenden Künstlerin Pia Fries und die besondere Art und Weise vor, wie sie ihre Bilder malt. Die Malerin hat eine Entwicklung von einer gegenständlichen zu einer gegenstandslosen, ganz und gar nicht naturalistischen Malereikonzeption durchlaufen. Dieser Entwicklung kommen die Schülerinnen und Schüler mit Hilfe eines Interviews auf die Spur. Eine Gliederung ist den Fragen im Schülertext zu entnehmen und kann als Vorlage für die Vorbereitung eines Atelierbesuchs dienen. Das Gespräch, das mit Tonband aufgezeichnet werden sollte, muß im Anschluß von den Schülerinnen und Schülern strukturiert und überarbeitet werden. Hier ergeben sich Möglichkeiten für eine Zusammenarbeit mit dem Fach Deutsch. Sinnvoll ist natürlich eine anschließende Veröffentlichung des Interviews, zum Beispiel in der Schülerzeitung.

Literatur:

Fries, Pia: Ausstellungskatalog Bonner Kunstverein, Bonn 1992

Gegenstandslos – aber mit Bedeutung

(S. 12/13)

Abstrakte, gegenstandslose Bilder werden von vielen Betrachterinnen und Betrachtern oft nur als unsinnige „Gekleckse1" abgetan. Das Interview mit Pia Fries zeigt aber, daß mit dieser Art von Malerei sehr wohl künstlerische Absichten verbunden sind, die sich auch auf andere abstrakte Werke übertragen lassen.
Mit Hilfe der Verbenlisten auf S. 13 soll der Werkprozeß des Bildes „Fen" nachvollzogen werden. Die sprachliche Vorgabe dient der visuellen Sensibilisierung.
Das arbeitsteilige Vorgehen ermöglicht es, die bestmöglichste Formulierung für ein beobachtetes Phänomen zu finden und ins Gespräch zu kommen.
Wenn möglich, sollte das Verfahren vor Originalen, z. B. im Museum, geübt und angewendet werden.

Man nehme ein Stadthühnerei

(S. 14/15)

Die Entwicklung der Kunst steht immer auch in einer wechselseitigen Beziehung zu den Möglichkeiten der jeweils verfügbaren Werkstoffe und Techniken. Der Textauszug von Cennini gibt über den Stand der maltechnischen Entwicklung in Italien um die Wende zum 15. Jahrhundert (Protorenaissance) Auskunft.

Anmerkungen zu den Aufgaben S. 14

2 Die Schülerinnen und Schüler erhalten den Auftrag, den durcheinandergeratenen Text wieder richtig zu ordnen. Dabei wird deutlich, daß ein Künstler in der damaligen Zeit große Anstrengungen in die Vorbereitungen der Malerei investieren mußte. Die richtige Reihenfolge der Arbeitsschritte lautet: 1. = d, 2. = b, 3. = h, 4. = c, 5. = e, 6. = a, 7. = g.
Heute stehen den Künstlerinnen und Künstlern viele der Werkstoffe als Industriefertigprodukt zur Verfügung. Damit gestaltet sich die Arbeit heute bedeutend einfacher.

Farben im Vergleich

(S. 16/17)

Die Möglichkeiten der angewandten malerischen Techniken sind von den Eigenschaften der Farben abhängig. Daher ist es sinnvoll, einfache, selbst herzustellende Farben im Vergleich zu untersuchen, um die Erfahrungen zu machen, daß mit den Farben nicht alles gestalterisch möglich ist. Beispielsweise ist nicht jede Farbe in der Lage, den Untergrund gut abzudecken, geschichtet zu werden oder eine lasierende Wirkung zu erzielen.

Anmerkungen zu den Aufgaben S. 17

2 Es bietet sich an, eine Versuchsanordnung zu entwickeln, die es ermöglicht, einen direkten Vergleich durchzuführen. Dazu werden Papiere, Pappen, eventuell auch Stoffe wie Nessel und andere

Malgründe im gleichen Format zugeschnitten. Die bemalten Untergründe können dann tabellarisch zusammengestellt und verglichen werden.

Mögliche Arbeitsfragen:

- Welche Malgründe (Papier, Pappe, Stoff...) sind für die jeweilige Farbe gut, welche nicht geeignet?
- Mit welchen Werkzeugen (Pinsel, Spachtel, Lappen, zerfasertes Ästchen...) läßt sich die Farbe sehr gut, gut, befriedigend, schlecht, nicht auftragen?
- Läßt sich die Farbe gleichmäßig auftragen?
- Deckt die Farbe den Untergrund ab, mischt sich die Farbe mit der des Untergrundes?
- Läßt sich die Farbe schichten?
- Welche Strukturen lassen sich mit Werkzeugen (Stäbchen, Pinsel, Schwamm...) herbeiführen? Mit dem Pinsel könnte man zum Beispiel tupfen, stricheln ... und welche Werkspuren sind besonders typisch oder reizvoll?
- Läßt sich die Farbe verdicken oder verdünnen und mit welchen Materialien? Verändern sich dann ihre Eigenschaften?
- Wie erreicht man bei der Farbe eine Abstufung der Farbtöne?
- Wie verhält sich die Farbe beim Trocknen? Ist sie haltbar oder bröckelt sie ab?
- Kann man die Oberfläche durch Kratzen, Schaben, Reiben, Knittern ... weiter bearbeiten?
- Läßt sich die Farbe wieder abnehmen, z. B. mit Lappen abtupfen, reiben, mit Pinsel und Wasser wieder verflüssigen...?
- Wie reagiert die Farbe auf Feuchtigkeit?
- Stelle die charakteristischen Eigenschaften mit Hilfe einer Adjektivliste zusammen:
  matt, faserig, glänzend, transparent (durchsichtig), opak (undurchsichtig), grell, klumpig, zart, schimmernd, schlierig, grob, streifig, krümelig, satt, pastellfarben, dick, pastos, deckend, porös, ...

Am sinnvollsten ist hier ein arbeitsteiliges Vorgehen. In Gruppenarbeit untersuchen die Schülerinnen und Schüler die Eigenschaften der einzelnen Farben. Auch innerhalb der Gruppe kann arbeitsteilig vorgegangen werden, indem unterschiedliche Aufgaben ausgeführt und unterschiedliche Fragen bearbeitet werden.

Wenn zu jeder Farbe von den Schülerinnen und Schülern ein Bericht verfaßt wird, kann dieser anschließend in einem „Schülerhandbuch der Malerei" gesammelt werden.

Zu den Farben können schließlich Malaufgaben entwickelt und umgesetzt werden.

Literatur:

Tate, Elizabeth: Ravensburger Handbuch der Maltechniken, Ravensburg 1988

Der Traum von der naturgetreuen Wiedergabe

(S. 18/19)

Der Text des Schülerbuchs führt in die Kunstgeschichte ein und stellt einen Bezug zu den technischen Entwicklungen der Malerei her. Schlaglichtartig sind hier die geistesgeschichtlichen Prozesse beleuchtet, die zu den Änderungen in den Auffassungen der Malerei führten. An den Bildbeispielen lassen sich die Aussagen des Sachtextes nachvollziehen.

Anmerkungen zu den Aufgaben S. 19

1/2 Die Verkündigungsszene des Altenberger Altarbildes aus der mittelalterlichen Malerei zeigt noch eine starke Stilisierung der dargestellten Personen und der Gegenstände. Zwar gibt es auch schon erste Ansätze, Gegenstände des realen Lebens einzufügen, wie das Stillebenelement in der Bildmitte. Die symbolische Farbigkeit, der Goldgrund und die stilisierte Figurendarstellung weisen es dennoch als ein Werk des Mittelalters aus.

In van Eycks „Madonna des Kanzlers Rolin" finden sich deutliche Hinweise auf das wirkliche Leben. Das Geschehen spielt sich in einem real vorstellbaren Raum mit sehr feinsinnig ausgestaltetem Interieur ab. Im Bildhintergrund erstreckt sich eine reich ausdifferenzierte Landschaft. Das Porträt eines zu dieser Zeit wirklich lebenden Menschen ist dem Bildnis der Gottesmutter mit dem Jesuskind gegenübergestellt. Ohne Vermittlung eines Schutzheiligen und in gleicher Größe wie Maria läßt sich der Kanzler Rolin selbstbewußt ins Bild setzen.

Neben den symbolischen Farben der Muttergottes finden sich Farben, die die Figuren und Dinge wirklichkeitsgetreu wiedergeben (Lokalfarbe).

Weiterführende Anregungen zur Unterrichtsgestaltung

Über die Aufgabenstellungen des Buches hinaus können die Schülerinnen und Schüler weiteres Bildmaterial (z. B. Kunstpostkarten) aus der mittelalterlichen und der Renaissancemalerei sichten, zuordnen und auf einer Wandzeitung dokumentieren. Symbolwörterbücher helfen, die Farben auf ihren Symbolgehalt hin zu untersuchen. Wenn die Arbeitsergebnisse gesammelt werden, entsteht ein Farbsymbollexikon des Mittelalters und der Renaissance, das bei Kirchen- und Museumsbesuchen gute Dienste bei Werkbetrachtungen leisten könnte.

Eine weitere Möglichkeit bestünde darin, die Bildbeispiele in eine Unterrichtsreihe zu integrieren, die das Bild des Menschen in der Malerei untersucht.

Methodisch sollte nicht nur nach kunstgeschichtlich-hermeneutischen Werkbetrachtungsmethoden vorgegangen werden. Zur Auseinandersetzung mit dem Werk regen gerade die Aufgabenstellungen an, die die Schülerinnen und Schüler befähigen, sich in die Bilderwelt einzufühlen. Beispielsweise könnten Interviewfragen an Nicolas Rolin gestellt werden, wie: „Wer sind sie?“ „Warum beten sie neben Maria?“, „Um was bitten sie die Muttergottes?“, „Welche Bedeutung hat für sie der kostbar ausgestattete Raum?“ …

Zum Vergleich kann ein herkömmliches Stifterbild herangezogen werden, beispielsweise das Stifterbildnis mit Maria und Johannes von Masaccio aus dem Jahr 1427 (LH, Bild 2).

Die Fragen können von den Schülerinnen und Schülern in Gruppenarbeit beantwortet werden. Eventuell ergeben sich Anlässe zum fächerverbindenden Unterricht mit Geschichte, Sozialkunde und Religion.

Das Bild „Madonna des Kanzlers Rolin“ eignet sich auch dazu, spielerisch nachgestellt zu werden. Dazu sollte sich eine Arbeitsgruppe mit der Kostümkunde der Zeit beschäftigen (Textilgestaltung). Das Interview kann dann als Rollenspiel in die Szene einfließen.

Literatur:

Cooper, J.C.: Illustriertes Lexikon der traditionellen Symbole, Leipzig 1986

Eich, Paul: Meister des Altenberger Altars. Kleine Werkmonographie 13, Städelsches Kulturinstitut und Städtische Galerie, Frankfurt am Main o. J.

Kybalova, Herbenova, Lamarova: Das große Bilderlexikon der Mode. Vom Altertum zur Gegenwart, Prag 1966

Sachs, Badstübner, Neumann: Wörterbuch zur christlichen Kunst, Leipzig und Berlin o. J.

Bild 2: Masaccio: Die Hl. Dreifaltigkeit. Maria, Johannes und Stifter,1427. Fresco, S. M. Novella, Florenz

Die Merkmale des naturgetreuen Darstellens

(S. 20/21)

Die sechs im Schülerbuchtext aufgeführten Merkmale des naturalistischen Darstellens lassen sich auf die beiden Bildbeispiele anwenden. Dies kann losgelöst vom vorangegangenen kunstgeschichtlichen Zusammenhang geschehen. Die beiden Beispiele aus den unterschiedlichen Epochen zeigen zudem, daß der Kriterienkatalog auch auf zeitgenössische Kunstwerke bezogen werden kann, wenn diese sich wie im Fotorealismus einer naturalistischen Auffassung zuordnen lassen.

Anmerkungen zu den Aufgaben S. 21

2 Die beiden ausgewählten Gemälde lassen sich gut zu einem Bildvergleich nutzen. Schon auf den ersten Blick suggerieren sie über ihre Farbigkeit eine unterschiedliche Gefühlswelt. Pieter de Hoochs „Hof eines holländischen Hauses" ist in warmen braun-rot-gelben Tönen gehalten, während Richard Estes „Foodshop" mit der Dominanz der Blautöne Kühle vermittelt. Die warme Farbigkeit des einen Bildes hat seine Entsprechung in der inhaltlichen Aussage. Dargestellt ist eine Szene, die uns in eine private, beschauliche Häuslichkeit entführt und auch die Umgebung des Hauses mit optischen Durchblicken einbezieht. Geradezu umgekehrt ist der Blick Estes von der Straße aus in das Restaurant gewandt. Die Menschen, eine Kellnerin und ein Koch, sind durch die Spiegelungen nur mühsam auszumachen. Hier dominiert die schillernde Oberfläche. Interessant ist, daß beide Maler, der eine in der Idylle der Häuslichkeit, der andere in der blitzblanken und doch schadhaften Häuserfassade kleine Irritationen anbringen. Der umgestürzte Besen paßt nicht in die ordentliche Welt des geschilderten bürgerlichen Lebens. In der holländischen Malerei dieser Zeit finden sich oft solche irritierende Bildelemente. Sie verstehen sich als Anspielungen auf die Vergänglichkeit des irdischen Glücks.

Auch hier ließe sich eine kreative Werkbetrachtung anschließen, wie sie im Schülerarbeitsbuch angeregt wird. Dieser Werkvergleich könnte in eine Unterrichtsreihe über Bilder vom Leben damals und heute integriert werden.

Literatur:

Bauer, Hermann: Niederländische Malerei des 17. Jahrhunderts, München 1982

Handbuch Museum Ludwig: Kunst des 20. Jahrhunderts, Köln 1979

Marina schminkt Luciano

(S. 22/23)

Diese Doppelseite zeigt in genauen Phasenstudien das Entstehen eines fotorealistischen Gemäldes. Der Fotorealismus (Hyperrealismus) entwickelte sich seit den sechziger Jahren als Reaktion auf die Pop-art einerseits und informelle und konzeptionelle Kunst andererseits.

Die Künstler orientieren sich thematisch an der Gegenwart und fangen diese in Bildern ein, ohne dabei naturalistisch abzubilden.

Der Werkprozeß ist bei Gertsch ein ganz anderer als der, den Pia Fries beschreibt (S. 10–13).

Obwohl Gertsch mit Fotos und Projektionen arbeitet, entstehen bei der extremen Vergrößerung der Motive und Details verfremdete Elemente: Die Farben werden durch innere Kontrastierung intensiviert, der Pinselstrich erhält eine eigenständige Dynamik, und die Formen bekommen ein Eigenleben. Diese Verfremdung kontrastiert mit einem hohen Illusionismus.

Die im Schülerbuch beschriebene Arbeitsweise von Gertsch kann für Schülerinnen und Schüler durchaus als Anregung dienen, annäherungsweise mit dieser Technik umzugehen.

Die Auseinandersetzung mit dem Thema „Mädchen und Jungen heute" kann die Unterrichtsreihe „Bilder vom Menschen" praktisch abschließen.

Literatur:

Handbuch Museum Ludwig: Kunst des 20. Jahrhunderts, Köln 1979

Gertsch, Franz: Katalog der Ausstellung im Kunsthaus Zürich 1980

Naturgetreues Abbilden – ist das alles?

(S. 24/25)

Diese Doppelseite soll zeigen, daß der Impressionismus im Gegensatz zu den vorangegangenen Kunstrichtungen eine neue künstlerische Ausdrucksform mit sich bringt. Ein Vergleich der beiden Frauenporträts macht dies deutlich.
Den Auffassungen der jeweiligen Zeit entsprechend, ist die Dame mit Lyra lebensfern idealisiert, das Mädchen (die Tochter Julie) der Malerin Berthe Morisot (1841–1895) im alltäglichen Leben beobachtet und momenthaft im Porträt eingefangen.
Auf die neuen Darstellungsweisen, die nicht den traditionellen Gesetzen der Malerei zuzuordnen waren, reagierte die Kunstkritik zunächst negativ. Exemplarisch sind hier Urteile gegenüber Kunstwerken vorgetragen, die auch heute noch als Negativkritik bei unverstandener, meist zeitgenössischer Kunst geäußert werden.
An dieser Stelle bietet sich ein Vergleich mit den Bildbeispielen von Jim Dine und Pia Fries an (S. 8, 12, 13), die mit denselben Kritikpunkten belegt werden könnten. Mittels der vorgeschlagenen Werkanalysen kann auch hier gegen die Vorurteile angegangen werden.

Literatur:

Krully, Edith: Kunst von Frauen, Frankfurt am Main 1984
Stuckey, Charles F./Scott, William: Berthe Morisot, Impressionistin, Stuttgart 1988

Der Zauber der Gegenwart

(S. 26)

Die typischen Merkmale des Impressionismus lassen sich anhand des Monet-Bildes noch eingehender untersuchen: aufgehellte Palette, flüchtiger, gestrichelter Pinselstrich, Erscheinungs- und Reflexfarben, scheinbar zufälliger Bildausschnitt, das Einfangen der Atmosphäre . . .
Die Aufgabenstellungen sollen die Schülerinnen und Schüler dazu anregen, nach eigener Wahl Aspekte des Bildes genauer zu untersuchen, um so verschiedene Methoden des Zugangs zu einem Kunstwerk kennenzulernen.

1. Didaktisch-methodische Erläuterungen

Die Handzeichnung hat im Kunstunterricht in der Regel eine zentrale Bedeutung. Das gilt auch für die Klassen 7 und 8. Die Gründe dafür sind vielfältig.
Mit dem Zeichenstift lassen sich viele Aufgaben in relativ kurzer Zeit anfertigen, und zweifellos leidet ein guter und erfolgreicher Kunstunterricht stets unter der knapp bemessenen Stundenzahl.
Außerdem stellt die Handzeichnung zumeist nur geringe Anforderungen an technische Ausrüstung, Raumangebot und praktische Vorbereitung von Seiten des Lehrers und der Schüler.
Alle diese Vorzüge können sich allerdings auf Dauer nachteilig auswirken, wenn das Spektrum des Zeichnens zu eingeschränkt bleibt und der Kunstunterricht, beziehungsweise die Ästhetische Bildung in die herkömmlichen Formen des alten „Zeichenunterricht" zurückfällt.
Auf diesem Hintergrund bildet das Kapitel „Grafik" Schülern und Lehrern ein vielfältiges Angebot an Material und Anregungen, Informationen, technischen Hinweisen und Vorschlägen für Aufgabenstellungen.
Das tragende Fundament ist dabei weniger der Text als vielmehr das Bildmaterial.
Von einigen Ausnahmen abgesehen, sind die für dieses Kapitel ausgewählten Bilder bewußt nicht dem üblichen Repertoire der Kunsterziehung entnommen. Es wurde auch Wert darauf gelegt, daß die Bildbeispiele für Schüler dieses Alters ansprechend und interessant sind, sie sich aber doch zum Teil deutlich von der Bilderwelt der Medien abheben.
Deshalb werden einige Beispiele aus der Kunst, wie die von Morandi, Sonderborg oder Hockney für viele Schüler und Schülerinnen eine gewisse Herausforderung ihrer Sehgewohnheiten darstellen.
Hier muß der Lehrer Offenheit fördern und Interesse wecken, ohne belehrend zu wirken.
Aspekte der Kunstgeschichte und der Kunstbetrachtung im weiteren Sinne sind so in Bild- und Textmaterial eingefügt, daß sie ohne großes Hintergrundwissen vom Schüler aufgenommen und bearbeitet werden können. Die Bilder auf jeder Seite, beziehungsweise Doppelseite, können auch unabhängig vom begleitenden Text allein für sich durch ihre Gegensätzlichkeiten oder Verwandtschaften ein lebendiges Unterrichtsgespräch auslösen.
Den Lehrplänen und der Altersstufe entsprechend zieht sich durch das Kapital als eine Art „roter Faden" die Frage nach der Wahrnehmung und Abbildung der Realität.
Behutsam und von verschiedenen Seiten her relativieren manche Bildbeispiele des Grafikkapitels die naive Vorstellung von der einen Wirklichkeit und der einen („naturalistischen") Abbildungsmethode. Das heißt, ausgehend von der Faszination eines Realismus, wie wir ihn besonders im Grafik-Design (S. 28, 29) finden, wird der Schüler mit anderen „Abbildungsweisen" vertraut gemacht, bis hin zur reinen Abstraktion (S. 46).
Auch im Text wird wie beim Beispiel der ägyptischen Wandzeichnung (S. 42) darauf hingewiesen, daß das Bild, die Zeichnung, sich keineswegs immer auf die Abbildung einer sichtbaren Wirklichkeit beziehen muß.

Es ist sicher nicht einfach oder häufig sogar unmöglich, Schülerinnen und Schülern in diesem Alter diese Aspekte wirklich bewußt zu machen, andererseits kann man auch auf die positive Wirkung von Bildern vertrauen, die sich deutlich von denen der elektronischen Medien unterscheiden.
Wenn die Medien unaufhörlich die Botschaft wiederholen: „What you see is what you get!" (Du bekommst, was Du siehst), dann ist es die Aufgabe der Schule, die Schülerinnen und Schüler zu kritischer Distanz zu befähigen, und zwar nicht durch die pauschale Abwertung der „Bilderwelt" im ganzen, wie wir es bei Neil Postman finden, sondern durch das Vorstellen anderer Bilder.
Für die praktische Arbeit im Kunstunterricht bedeuten diese Intentionen, daß die Aufgabenstellungen sich auch nicht immer nur auf die zeichnerische Wiedergabe des Sichtbaren beschränken oder auf der Ebene des Technischen und Formalen stehenbleiben. Dazu werden in den Begleitkommentaren zu den Seiten des Grafikkapitels Vorschläge gemacht.
Auf eine Darstellung und Erläuterung der verschiedenen hier erwähnten Drucktechniken wurde verzichtet. Es gibt dazu eine Fülle spezieller Literatur für den Kunstunterricht(vgl. LH, S.32)

2. Kommentar zu den Doppelseiten

Wer zeichnet heute?

(S. 28/29)

Die Frage „Wer zeichnet heute" ist keineswegs so harmlos, wie sie auf den ersten Blick aussieht. Im Grunde rührt sie an das Legitimationsproblem des Kunstunterrichts, der sich vielleicht mehr als andere Fächer seit langem der Frage ausgesetzt sieht: Muß ich überhaupt Zeichnen lernen?
Wir sollten diese Frage gerade in der 7. und 8. Klasse ernstnehmen. In diesem Alter ist bei vielen Kindern das Zeichnen nicht mehr eine selbstverständliche und angenehme Tätigkeit.
Einer der Gründe dafür liegt in der Diskrepanz zwischen Wollen und Können. Die eigenen zeichnerischen Fähigkeiten werden, ob zu Recht oder zu Unrecht, als unzulänglich eingeschätzt, weil sie an Vorbildern gemessen werden, die nicht erreichbar erscheinen.
Daraus resultiert verständlicherweise häufig eine Abwehrhaltung, die letzten Endes zu dem Schluß führt, daß das Zeichnen und Malen eine für den zukünftigen Lebensweg überflüssige Angelegenheit ist.
In gewisser Beziehung muß man auch zugeben, daß wir tatsächlich dank vieler technischer Geräte nicht mehr auf das Zeichnenkönnen angewiesen sind wie etwa noch vor 150 Jahren. Insbesondere die Fotografie erscheint uns als überlegene Abbildungstechnik, die alle zeichnerischen Versuche an „Echtheit" übertrifft.
Der Reiz dieser Doppelseite liegt nicht zuletzt in einem Überraschungseffekt. Die linke Seite wird von der farbigen Abbildung mit der Katze dominiert, die im Kontrast zu den schwarz-weißen Zeichnungen als realistisch-überlegene Fotografie angesehen wird. Und nun stellt sich durch den Begleittext heraus, daß es sich ebenfalls um eine Zeichnung handelt!
Die Behauptung, eine Fotografie könne sogar diesen „Augentäuschungseffekt" nicht in gleicher Weise erreichen, wird durch das umgefallene Tintenfaß auf der rechten Seite belegt, denn die seltsame und reizvolle Mischung von Realismus und dem zufällig wirkenden Erscheinen von Schriftzeichen weist über die Möglichkeiten der Fotografie hinaus.
Man müßte allerdings an dieser Stelle darauf verweisen, daß auch die Fotografie sich längst von dem simplen Abbildungsmechanismus emanzipiert hat.
Eine interessante Frage ist auch die nach der Wahrnehmungsfähigkeit der Katze. Natürlich können wir davon ausgehen, daß die Katze nicht fähig ist, einen Fisch durch das Medium der Abbildung wahrzunehmen. Aber ist das tatsächlich ein Manko des Tieres und gereicht es uns Menschen wirklich zum Vorteil, daß wir meinen, die Wirklichkeit allein durch den Augensinn erfassen zu können?
Die Katze kontrolliert die Glaubwürdigkeit ihres Informations-Inputs über mehrere Sinneskanäle, wir begnügen uns heute vielfach mit einem.
Vergessen wir nicht, daß Kunsterziehung unter anderem das Ziel hat, alle Sinne anzusprechen und zu entwickeln, nicht nur den der optischen Wahrnehmung.
Wenn durch das Beispiel der Katze in der Klasse das Interesse an den biologischen Aspekten der Wahrnehmung geweckt ist, dann kann man die eingangs gestellte Frage „Wer zeichnet heute oder warum zeichnen wir heute immer noch?" unter ganz anderen Bedingungen noch einmal betrachten.
Jetzt tritt nämlich die Frage in den Vordergrund: „Warum können wir überhaupt zeichnen?" und „was bringt uns das?"
Die Katze erkennt keine Zeichnung, nicht zuletzt deshalb, weil sie selbst nicht zeichnen kann.
Wir wissen zum Beispiel, daß Schimpansen bis zu einem gewissen Grad zeichnen können und das gerne tun, und daß sie Bilder und Zeichen erkennen können. Das heißt, daß wir es hier mit einer nicht zu unterschätzenden Fähigkeit zu tun haben, die durch Fotoapparat und Kamera nicht überflüssig geworden ist.
Diese gedanklichen Wege sind nicht kompliziert und dem Wissensstand der 7., 8. Klasse angemessen. Man kann deshalb ohne Probleme auch danach fragen, warum die drei Zeichnungen auf Seite 28 nicht unter einem Mangel an Realismus leiden, sondern gerade durch ihre Einfachheit, d. h. durch die Reduktion auf Umrisse und ein paar Schraffierungen an Klarheit gewinnen: der Informationswert

der Bleistiftzeichnung eines Sturzhelms ist höher als der einer Fotografie von ihm.
Vielleicht wird hier schon klar, daß die Fähigkeit des Zeichnens unter biologischen Gesichtspunkten nicht nur der Kommunikation, sondern einem Erkenntnisgewinn dient.
Die Comiczeichnung illustriert das durch ihre Vielschichtigkeit auf witzige Weise.

Anmerkungen zu der Aufgabe S. 29

Den Air-Brush-Effekt kann man natürlich mit Zahnbürste und Sieb nur annähernd erreichen. Ein Teesieb eignet sich im übrigen schlecht dafür. Es gibt aber flache Siebe extra für diesen Zweck in den einschlägigen Geschäften und bei Versandfirmen. Leider sind unsere Wasserfarben auch nicht deckend.
Ein Effekt läßt sich aber auf jeden Fall erzielen: das Geisterhaft-Neblige des Gesprühten.
Mit Papierschablonen kann man wunderbare Bergmassive im Hintergrund und auch sich überlagernde Wolken am Himmel aufs Papier sprühen.
Es bietet sich auch an, in ein gezeichnetes oder gemaltes Bild mit Schablone eine Geistererscheinung zu sprühen.
Auf jeden Fall sollten dem eigentlichen Bild eine Reihe von Versuchen vorausgehen.

Die verborgene Ordnung

(S. 30/31)

Auf dieser Doppelseite sind zwei Dinge miteinander verbunden, die auf den ersten Blick nichts Gemeinsames zu haben scheinen: Ornament und Naturstudium.
Die in den Lehrplänen enthaltene Aufgabe des Zeichnens nach der Natur gerät häufig zu einer wenig interessanten Arbeit des „Abzeichnens".
Auch hier zeigt sich das eingangs angesprochene Problem der Beschränktheit der sichtbaren Oberfläche. Eine vor mit stehende Pflanze sozusagen „abzumalen", wird kaum zu einem guten und befriedigenden Ergebnis führen.
Einfach zu zeichnen, was ich sehe, ist zu wenig, wenn ich nicht verstehe, was ich sehe. Zeichnen ist an das Erkennen gebunden, das heißt, ich muß verstehen, was ich vor mir habe, muß die verborgene Ordnung und Struktur des Objektes erkennen.
Um Schülerinnen und Schülern verständlich zu machen, daß es möglich ist, in einem Blatt, in einer Pflanze, in praktisch jedem Ding eine Struktur zu finden, ist das Verständnis für die Ursprünge oder die Grundlagen von Ornamenten hilfreich.
Ornamente sind im Grunde keineswegs die oberflächlichen Schmuck-Formen, als die wir sie in der Regel heute sehen. Wenn wir einmal absehen von ihrer ursprünglichen magischen Bedeutung, so bleibt noch die unerhörte Abstraktionsleistung, die in den Ornamenten steckt.
Der „Mäander" ist eben nicht nur in allen seinen Abwandlungen ein Schlangenlinienornament, sondern eine der Natur entnommene Struktur mit symbolischer Bedeutung, denn der Flußlauf ist immer ein Symbol für den Lebenslauf.
Die symbolische Bedeutung des Akanthusblattes für die Griechen ist noch wenig erforscht, aber wir verstehen, daß es bei diesem Ornament auch nicht um die bloße Abbildung eines Blattes ging.
Auf Seite 30 lassen sich verschiedene Stufen der Annäherung beobachten, von der lockeren Skizze (30.4) über die klare, schematisierende Zeichnung (30.1) bis zum steinernen Kapitell (30.2).
Das Korinthische Kapitell besitzt noch ein zweites ornamentales Element nach dem Vorbild einer Pflanze: das sich aufrollende Farnblatt. Darauf wird im Text bewußt nicht hingewiesen, so daß es die Schüler mit oder ohne Lehrerhilfe selbst entdecken können.

Weiterführende Anregungen zur Unterrichtsgestaltung

Saul Steinbergs Ornamentgarten eignet sich natürlich als Einstiegsbild zum Thema. Sie können die Schüler auffordern, sich aus den vielen Formen diejenige auszusuchen, die sie besonders anspricht und sie dann möglichst auf einem großformatigen Papier mit Jacksonkreide zeichnen lassen. Diese Übung ist spannender, als es zuerst aussieht, denn die Vergrößerung ermöglicht es, die Bögen, Wellen und Kurven aus der Körper- und Armbewegung heraus zu zeichnen.
Auch Martin Schongauers Ornamentstich ist ein gutes Vorbild für eine Zeichenübung. Hier sind ebenfalls ein großes Format (mindestens A2) und

Kohle oder Rötelkreide empfehlenswert. Die abgebildete Skizze (LH, Bild 3) hilft den Schülern, den Grundaufbau besser zu erfassen. In der 8. Klasse können die Schüler mit gewisser Hilfe selbst zu dieser Skizze finden.
An diese Betrachtungen und Übungen schließt sich nun das Naturstudium an. Je nach Jahreszeit suchen Lehrer oder Schüler nach geeigneten Pflanzen im Freien, oder man muß auf Zimmerpflanzen zurückgreifen. Das ganze Jahr über zu finden sind zum Beispiel Efeuranken, die auch den Vorteil besitzen, wenig räumliche Tiefe zu haben. Denn man darf nicht vergessen, daß die zeichnerische Darstellung einer staudenartigen Pflanze wegen ihres räumlichen Aufbaus die Schüler in dieser Altersstufe überfordern würde.

Bild 3: Martin Schongauer: Ornamentstich, 2. Hälfte 15. Jh., British Museum, London

Die lebendige Stille

(S. 32/33)

Diese Doppelseite baut in gewisser Weise auf der Vorausgegangenen auf. Ging es dort um das erkennende Erfassen eines einzelnen Objektes mit den Mitteln der Zeichnung, so steht jetzt die Komposition, das Zusammenfügen mehrerer Gegenstände im Mittelpunkt.
Damit die ganze Aufmerksamkeit des Schülers auf die Regeln und Möglichkeiten der Komposition gelenkt wird, sollten die Gegenstände selbst eher schlicht sein und keine Schwierigkeiten in der Darstellung bereiten. Ein Problem liegt dabei in dem geringen Motivationsreiz.
Natürlich findet man in der Kunst viele interessante und sogar verblüffende Stilleben. Aber gerade das verstellt den Blick auf die Komposition. Außerdem ist es ein wichtiges pädagogisches Ziel, den in der Mehrzahl reizüberfluteten Kindern in der Schule auch andere Werte, wie beispielsweise den der Stille, nahezubringen.
Man sollte die latente Bereitschaft der Kinder (und sogar Jugendlichen in höheren Klassen) nicht unterschätzen, ungewöhnliche Arbeitsformen wie etwa „Meditatives Malen" positiv anzunehmen. Voraussetzung dafür ist aber eine glaubhafte Haltung und das Mitmachen des Lehrers, der Lehrerin.
Über die Bilder und die Persönlichkeit des Künstlers Morandi könnte der Begriff „Stille" zum Gesprächsthema werden.
Das Foto von Morandis Atelier zusammen mit den abgebildeten Beispielen seiner Arbeit lösen eine Fülle von Assoziationen und Vorstellungen über die Persönlichkeit dieses Künstlers und seine Arbeitsweise aus. Tatsächlich ist es nicht schwer, sich den introvertierten, ein wenig weltfernen Morandi an der Staffelei vorzustellen.
Morandi arbeitete viele Jahre als Zeichenlehrer an Volksschulen, bevor er 1956 Professor für Radiertechnik an der Akademie seiner Heimatstadt Bologna wurde.
Er besaß eine Sammlung von Gegenständen, wie Flaschen, Dosen, Schalen, die zum Teil angestrichen waren. Er stellte diese Objekte in immer neuen Variationen zusammen.
Die drei Gegenstände auf dem Tisch in seinem Ate-

lier sind mit Sicherheit das Vor-Bild für das darunter abgebildete Gemälde.
Bei Abbildung 32.1 handelt es sich natürlich nicht um eine Grafik, sondern um Malerei. An diesem Beispiel werden einige Beziehungen zwischen Zeichnung und Malerei deutlich. Einerseits kann man die Bleistiftzeichnung, auch das Aquarell und die Radierung als Entwürfe und Kompositionsexperimente für ein späteres Gemälde sehen, andererseits besitzen die Zeichnungen durchaus Eigenständigkeit und Unabhängigkeit.
Man würde Morandi sicher mißverstehen, aber die Schlichtheit und Sparsamkeit auch seiner Ölmalerei hat in unserer Zeit der maximalen Effekte etwas geradezu Provozierendes. Manche Schüler werden (wie viele Erwachsene) geneigt sein, einmal mehr zu fragen: „Und das soll Kunst sein?“
Vielleicht hat aber der Begriff der verborgenen Ordnung auf der vorigen Doppelseite den Boden dafür bereitet, etwas von dem zu verstehen, was Morandi mit seinem Bezug auf Galileo zu erklären versucht (siehe Zitat S. 32). Solange wir auf seinen Bildern nur Abbildungen banaler Gegenstände wahrnehmen, erkennen wir nichts. Wenn wir aber das „Spiel“ mit geometrischen Formen, Licht und feinen Farbnuancen annehmen, lassen wir beim Betrachten Empfindungen zu, die sich nicht in Worte fassen lassen.
Morandis Kunst ist insofern der Musik näher als der Sprache. Niemand wundert sich doch darüber, daß Musik in der Regel keine Informationen vermittelt, sondern Gefühle auslöst, die uns unter Umständen tief berühren, ohne daß wir erklären könnten, warum.
Nicht zufällig ist der Begriff Komposition der Welt der Musik und der Bildenden Kunst gemeinsam. Morandis scheinbare Einfachheit etwa bei der Bleistiftzeichnung (33.3) können wir nun als Reduktion verstehen, die die Ablenkungen des Abbildhaften ausblendet.
Vielleicht treten an dieser Stelle Zweifel auf, ob sich etwas Derartiges Schülern und Schülerinnen dieser Altersstufe vermitteln läßt. Die üblichen didaktischen Mittel der Schule sind hier nicht sehr erfolgversprechend.
Andererseits entsprechen Morandis Bilder einer in jedem Menschen angelegten Disposition, wir reagieren auf geometrische Formen und Kompositionen, wenn wir ihnen begegnen. Aber diese Fähigkeit muß auch erhalten und kultiviert werden. Im Grunde ist es relativ egal, wie Sie didaktisch vorgehen und ein Gespräch über Morandi führen. Ihre Schüler brauchen letzten Endes nur genügend Zeit, um die Bilder in sich aufzunehmen. Kunstbetrachtung ist ein schönes Wort, denn es legt Vertrauen in das Betrachten und stellt nicht das Erklären einseitig in den Mittelpunkt. Nicht alles läßt sich verbalisieren und bewußt machen.
Vertrauen kann man auch auf die Wirkung der praktischen Arbeit.

Weiterführende Anregungen zur Unterrichtsgestaltung

Der Verlauf der vorausgegangenen Gespräche ist die Grundlage für die anschließende praktische Arbeit. Sie können die Schülerinnen und Schüler auffordern, sich selbst Objekte für ein Stilleben mitzubringen, oder Sie bauen mit Hilfe der Kinder ein Stilleben zentral im Klassenraum auf. Es ist sicher nicht empfehlenswert, ein regelrechtes „Morandi-Stilleben“ zu arrangieren. Aber nach welchen Kriterien sollen die Objekte ausgewählt werden?
Sie sollten eine relativ klare, stereometrische Grundform haben, das heißt nahe bei Kugel, Quader oder Pyramide und so weiter angesiedelt sein. Ob die Gegenstände dann aus Plastik, Papier oder Metall bestehen, spielt keine Rolle. Sie sollen ja anschließend ihres üblichen Gebrauchswertes beraubt werden, zugunsten ihrer Eigenschaft als Kompositionselement.
Welche grafischen Mittel bieten sich an?
Auf Seite 33 sind drei Möglichkeiten abgebildet. Vom aufgebauten Stilleben können zwei, drei oder mehr Bleistiftskizzen angefertigt werden. Um die Gegenstände zugunsten der Komposition verschwinden zu lassen, ist Morandis Radierung (33.2) eine gute Anregung. Voraussetzung ist allerdings die Kenntnis der Schraffurtechnik (siehe Seite 36, 37). Da das Schraffieren zeitaufwendig ist, sollte man das Format entsprechend klein wählen. Lieber eine gute Zeichnung im Postkartenformat als eine schlechte, weil den Schüler überfordernde, in DIN A4!
Größe und Proportion spielen beim Zeichnen in der

Schule eine wohl größere Rolle als beim Malen. Mit dem Pinsel bewältigen die Schüler im Prinzip jede Fläche. Bei Stift, Feder oder Radiernadel verleiten allzu voluminöse Flächen zum „Ausmalen".
Es ist empfehlenswert, den äußeren Umriß einer Zeichnung möglichst nie mit dem Schnittrand des Papiers gleichzusetzen. Das bedeutet, vor dem Beginn des Zeichnens legt jeder Schüler mit Linien aus freier Hand Größe und Proportion seiner Zeichnung auf dem Papier an. In der Regel skizziert er also ein Rechteck im Hoch- oder Querformat, in Ausnahmefällen ein Quadrat oder einen Kreis. Diese Umrißlinien können nach Beendigung der Zeichnung stehenbleiben oder ausradiert werden.
Die Verwendung eines Lineals und eine ganz genaue Maßangabe sind nicht empfehlenswert.
Zeigen Sie Beispiele von Künstlern wie die Zeichnungen von Alberto Giaccometti (1901–1966) oder Rembrandt van Rijn (1606–1669); (Bild 4 und 5).
Natürlich ist eine solche Regel kein Dogma, aber sie hilft dem Schüler, sich vom „Papierrandzwang" zu befreien und macht sich eines Tages von selbst überflüssig.

Das Wechselspiel von Form und Grund

(S. 34/35)

Escher wurde populär durch seine raffinierten, perspektivischen „Optischen Täuschungen". Aber auch in der Fläche, erfand er verblüffende Grafiken. Er war in vieler Hinsicht ein Einzelgänger und einsamer Tüftler wie Morandi, errang aber bis heute nicht die gleiche Wertschätzung wie dieser. Es waren Mathematiker und Wahrnehmungspsychologen, die sich für seine Arbeit interessierten und ihn bekannt machten.
Für den Kunstunterricht in unserer Altersstufe ist seine „Regelmäßige Flächenaufteilung" (35) ein wahrer Schatz für ein anregendes, schülerorientiertes Unterrichtsgespräch.
Das Blatt hat ja eine geradezu didaktische Aufteilung und evoziert bei Lehrern wie Schülern ein Sehabenteuer. In den Quadraten A, B und C erleben wir den Umschlageffekt, indem wir zum Beispiel bei A die batmanartigen (Thema für eine ähnliche Übung!) Formen einmal weiß und das andere Mal

Bild 4: Alberto Giacometti: Diego, 1948. Bleistift, Kunstmuseum Bern

Bild 5: Rembrandt van Rijn: Selbstbildnis mit Pelzmütze, 1630. Radierung

nach einer Art Umschaltbemühung schwarz sehen. Die querformatigen Bänder 1, 2 und 3 fügen dem Eigentlich nur die Binnenzeichnung hinzu, das heißt, die schrittweise zunehmenden schwarzen Linien im Weißen und weißen Linien im Schwarzen.

Der Umschlagseffekt wird zum Umwandlungseffekt, und damit werden wir einerseits gezwungen oder aufgefordert, in Pendelbewegungen von einer Seit zur anderen zu schauen und andererseits die Verwandlung wie eine Art Trickfilm zu beobachten. Immer ist der „Grund", ob nun weiß oder schwarz, latent auch „Form". Im übrigen geht es hier nicht um eine optische Täuschung, sondern um eine zeichnerisch konstruierte Herausforderung für unsere Wahrnehmung in einem Grenzbereich.

Darüber hinaus werden wir uns bei dieser Grafik der zeitlichen Komponente des Sehens bewußt. Escher macht uns klar, daß wir beim Sehen nicht einfach „Klick" machen wie ein Fotoapparat, sondern daß unser Betrachten ein Vorgang, eine Handlung ist, die Zeit braucht. Betrachten und sich dabei Zeit nehmen, ist Kontemplation, und das ist in gewisser Weise das Gegenteil von Fernsehen.

Wie in den vorangegangenen Kapiteln sollten Sie nicht erwarten, daß Ihre Schülerinnen und Schüler sich all dieser Zusammenhänge bewußt werden.

Der Erfahrung der Langsamkeit des Sehens, zu der Escher uns verleitet, sollten Sie allerdings soviel Raum und Zeit wie möglich geben. Dabei ist die Versprachlichung der Wahrnehmungserfahrungen nicht das eigentliche Ziel, sondern der Weg, das Sehen überhaupt als entscheidungssuchende, unter Umständen mehrfach abtastende Denkleistung zu empfinden.

Etwas bleibt im übrigen bei Eschers Grafik auf den ersten Blick unbefriedigt: die Bedeutung der „Regelmäßigen Flächenaufteilung".

Sagen uns diese Käfer, Falter und fliegenden Fische irgend etwas über die Tatsache ihrer komplizierten Abbildung hinaus? Symbolisieren sie irgend etwas Bedeutendes? Nein. Man darf wohl annehmen, daß Escher diese Tiere ohne den Anspruch einer Botschaft auswählte.

Escher hat sich sehr ausführlich über seine vielen Experimente mit der „Regelmäßigen Flächenaufteilung" geäußert und dabei auch auf Parallelen zur Musik besonders Johann Sebastian Bachs hingewiesen:

„Seine Vernunft, seine mathematische Ordnung, die Strenge seiner Regeln spielen hier eine erhebliche, wenn auch keine direkte Rolle."

(Locher, 1984)

Das grafische Werk Eschers ist gewiß ein Sonderfall, aber seine positive Wirkung gerade auf Kinder und Jugendliche ist nicht zu unterschätzen. Eine Bildbetrachtung zum Beispiel von Schmidt-Rottluffs „Mädchenkopf" (34.1) wird auf diesem Hintergrund sicherlich zu genaueren Beobachtungen führen und die Begriffe Form, Fläche, Grund lebendig werden lassen.

Weiterführende Anregungen zur Unterrichtsgestaltung

Es liegt nahe, das Thema „Wechselspiel von Form und Grund" mit der Technik des Hochdrucks, d. h. des Linoldrucks zu verbinden.

Die Abbildungen auf den Seiten 34 und 35 geben dafür viele Anregungen. Eine gute Grundlage für eine Vorübung geben die Quadrate A und B von Abb. 35. Die Schüler entwerfen auf Papier eine eigene Form nach diesen Vorbildern und schneiden sie aus. Durch mehrfaches Umzeichnen dieser Form auf einem anderen Papier in unterschiedlichen Lagen können Variationsmöglichkeiten von Mustern ausprobiert werden. Die beste Lösung dient anschließend als Entwurf für die Übertragung auf das Linoleum.

Aus den verschiedenen Mustern der Schülerinnen und Schüler kann so ein Klassenfries entstehen.

Die Erfahrungen aus der Bildbetrachtung des „Mädchenkopfes" lassen sich auch als Linolschnitt im Thema „Maske" umsetzen, weil dabei großer Gestaltungsspielraum mit schwarzweißer Binnenzeichnung auf der Gesichtsfläche möglich ist.

Die bisher noch nicht erwähnten „Pusteblumen" (34.2–3) verweisen auf eine interessante, aber technisch etwas aufwendigere Form des Wechselspiels hin: Die Radierplatte einmal als Tiefdruck, sozusagen positiv und einmal als Hochdruck, also negativ zu verwenden.

Die Kaltnadeltechnik scheidet aus, weil die hochstehenden Grate den Hochdruck erschweren.

Es kommt also nur die klassische Metallplatte mit

Ätzgrund in Frage. Allerdings müssen die Linien fest und deutlich eingeritzt werden, sehr feine Linien werden sich beim Einwalzen im Hochdruckverfahren mit Farbe schließen. Deshalb ist auch eine relativ lange Ätzzeit notwendig. Vorversuche sind unabdingbar.

Als Motive eignen sich Dinge, Pflanzen oder Lebewesen, die von sich aus viele „Linien“ besitzen oder aus solchen bestehen. Escher wußte schon, warum er eine Pusteblume wählte.

Lassen Sie ihre Schüler nach dieser Vorgabe selbst jeden für sich ein geeignetes Motiv finden. Auf Federn, Kakteen, Fächerpalmen, Stachelschweine und so weiter kommen sie bei einer Art Brainstorming von selbst.

Die Verwandlung des Objekts vom Negativ zum Positiv, von den schwarzen Linien zu weißen, gibt dem Motiv etwas Unwirkliches und Verzauberndes, und dafür lohnt sich die Mühe.

Zauberei mit Farbstiften

(S. 36/37)

Der Ausdruck „Zauberei“ verliert den Charakter der Übertreibung, wenn Sie mit ihren Schülern die Zeichnung Host Janssens in Ruhe betrachten. Lenken Sie die Aufmerksamkeit weg von der räumlich-plastischen Darstellung des Schuhs, einem noch nicht altersgemäßen Problem, auf den Farbauftrag. Um die Ablenkung durch den Gegenstand zu verhindern, können Sie Papierblätter austeilen, in die Sie zuvor jeweils ein etwa markstückgroßes Quadrat als Loch geschnitten haben. Legen Sie verschiedene Stellen der Zeichnung fest, zum Beispiel oberhalb der Schleife, und lassen Sie von den Schülern die Farben beschreiben, die innerhalb dieses Quadrats zu erkennen sind.

Dieses ausschnittsweise Betrachten ist auch für die beiden anderen Zeichnungen dieser Doppelseite nützlich. Sie erreichen damit das Erkennen der im Text beschriebenen Möglichkeiten der Farbmischung mit Farbstiften.

Als kleine Übung können Sie neben das ausgeschnittene Quadrat ein etwa gleich großes zeichnen lassen, in dem die Schüler eben dieses Detail mit ihren Farbstiften nachzumischen versuchen. Man wird dann allerdings zugeben müssen, daß Janssen über ein umfangreicheres Stiftesortiment verfügt, als wir es im gewöhnlichen Federmäppchen finden. Das Prinzip aber ist das Wichtige.

Das erste Ziel ist die Überwindung der seit dem Kindergarten eingeübten „Ausmalmethode“, bei der durch Umrißlinien entstandene Flächen in irgendeiner Weise mit einer Farbe gefüllt werden. Den Schülern sollte bewußt werden, daß sie diese sehr simple Technik schrittweise verbessern können.

Weiterführende Anregungen zur Unterrichtsgestaltung

Der Text auf den Seiten 36 und 37 weist auf die wesentlichen technischen Möglichkeiten der Farbstiftzeichnung hin, und die Abbildungen helfen zur Veranschaulichung.

Es ist sinnvoll, den eigentlichen Bildaufgaben regelrechte Übungen voranzustellen. Dabei kommt es darauf an, inwieweit die Schülerinnen und Schüler Erfahrungen mit dem Schraffieren haben, sei es mit Bleistift oder Feder.

Einfache parallele Schraffuren, überkreuzte Schraffuren, Übergänge vom Weißen über Graustufen zum Schwarz, unterschiedliche Strichstärken durch Veränderung des Aufdrückens beim Zeichnen, all das sollte zuerst mit dem Bleistift geübt worden sein. Die Farbe ist ein zusätzliches Element, das auf diesen Fertigkeiten aufbaut.

Den Begriff Übungen sollte man allerdings nicht zu formal sehen, es soll ja trotzdem Spaß machen, und das Ergebnis soll motivierend sein.

Ein schönes Motiv für Farbübungen sind Käfer. Sicher finden Sie Abbildungen von Käfern, sowohl einfarbigen wie mehrfarbigen. Die „Übungskäfer“, vorzugsweise solche mit großen, glatten Deckflügeln, können Sie jeweils mir kurzen Zeichenanweisungen verbinden:

- der erste ist vorne schwarz und wird nach hinten hin grünlich bis zum Gelbgrün,
- beim zweiten verwandelt sich die Farbe vom Gelb über Orange bis zum Rot, außerdem hat er Punkte in einer anderen Farbe,
- der dritte ist im Prinzip blau, aber dieses Blau ist am unteren Flügelrand fast schwarz und hellt sich nach oben hin bis zum Weiß auf.

Weitere Käfer erfinden sie Schüler selbst. Die Käfer

sollten nicht größer als etwa ein Fünfmarkstück werden. Mit solchen Übungen konzentrieren Sie die Schüler auf einzelne zeichnerische Aspekte, und dennoch werden die Ergebnisse nicht bruchstückhaft oder langweilig, ganz im Gegenteil.
Die „Käfersammlung" der ganzen Klasse ermöglicht anschließend eine Analyse des bereits Erreichten, und sie macht bestimmt Mut, in Zukunft nicht mehr ins „Ausmalen" zurückzufallen.
Wie schon im vorausgegangenen Abschnitt erwähnt, ist auch bei der Farbstiftzeichnung die Größenbeschränkung sehr wichtig. Das betrifft einmal das Format der Zeichnung, eine gute Farbstiftzeichnung im Format DIN A3 bedeutet wochenlange Arbeit und überfordert deshalb die Kinder in diesem Alter. Auch für die einzelnen Objekte innerhalb der Zeichnung gibt es Probleme, wenn sie zu klein oder so groß sind, daß die Neigung zum Ausmalen wieder durchbricht.
Ein gutes Bildmotiv im Anschluß an die „Übungskäfer" sind die Korallenfische. Fische sind als Thema im Kunstunterricht an sich nicht gerade originell, aber in diesem Zusammenhang ideal, denn die Korallenfische, wie der Drücker- oder der Picassofisch, besitzen wunderbare, variantenreiche Farbübergänge auf ihren Körpern. Es ist legitim, in diesem Fall die Schülerinnen und Schüler nach Fotografien arbeiten zu lassen, allerdings ohne „Durchpausen" oder ähnlichem. Man vermeidet dadurch bunte „Fantasiefische" und fördert vielmehr das genaue Beobachten. Noch besser wären natürlich Skizzen in einem Zoo mit Aquarium als Vorbereitung.
Ebenso geeignet sind aus den gleichen Gründen Schmetterlinge oder exotische Vögel.
In der 8. Klasse können Sie die Mädchen aber vielleicht mit einem ganz anderen Thema für sensible Farbübergänge interessieren, dem Schminken. Verwenden Sie dafür Fotokopien eines Mädchenkopfes aus einer Zeitschrift. Das Foto sollte möglichst hart sein, das heißt wenig Graustufen besitzen.
Warum Fotokopien? Die meisten Schülerinnen dieses Alters sind mit ihren Fähigkeiten, Augen, Nase und Mund zu zeichnen sehr unzufrieden, und das wirkt demotivierend, wenn es hier um das Schminken geht. Außerdem lassen die Fotokopien mehrere Versuche zu.

Der zündende Funke

(S. 38/39)

Die Möglichkeit, mit dem Zeichenstift Erfindungen zu machen, bekannte Objekte zu verändern, zu verzerren oder noch nie Gesehenes entstehen zu lassen, ist ein faszinierender Aspekt des Zeichnens. Sie sollte gleichberechtigt als fruchtbarer Gegenpol zum „naturgetreuen" Abbild gesehen werden.
Die Sehnsucht nach dem Unwirklichen, Fantastischen versucht eine mächtige Unterhaltungsindustrie zu stillen, indem sie alle bekannten Märchen, Legenden und Geschichten plündert und immer wieder variiert.
Es gehört zu den Aufgaben des Kunstunterrichts, die Fähigkeit der Kinder zu erhalten und zu fördern, selbst bildliche Erfindungen zu machen. Die Erfahrungen von Künstlern können uns dabei helfen.
In einem bekannten Fragment beschreibt Leonardo da Vinci seine Methode, den „Erfindergeist anzuspornen":
„Betrachte eine Wand, die durch Nässe fleckig geworden ist, oder einen Stein von unregelmäßiger Farbe. Wenn du Hintergründe zu erfinden hast, wirst du bald imstande sein, in ihnen herrliche Landschaften mit einer Fülle von Bergen, Ruinen, Felsen und Wäldern, weiten Ebenen, Tälern und Höhen in größter Mannigfaltigkeit zu sehen; oder du wirst Schlachten sehen und seltsame Figuren in gewaltsamer Bewegung, Gesichtsausdrücke und Gewandungen und eine Unzahl Dinge, die du dann auf eine vollständige und richtige Form bringen kannst."
(nach Gombrich, 1978)

Bei einem Klassenausflug könnten Sie nach solchen Mauern oder Felsen Ausschau halten lassen. Die Frottage ist im Grunde ein Hilfsmittel, um im Sinne Leonardos mit Imagination sehen zu lernen. Das Abreiben mit Graphit auf Papier hebt Linien und Oberflächen deutlicher hervor, läßt allerdings Farben und Flecken verschwinden.
Die Collage ist eine beliebte Technik, die aber häufig zu sehr oberflächlichen Ergebnissen führt. Das eher belanglose Aneinanderkleben von Bildelementen aus Illustrierten kann vermieden werden, wenn die Gestaltung auf die Darstellung eines

geheimnisvollen Raumes, einer rätselhaften Stimmung und einer undurchschaubaren Handlung abzielt. Das Beispiel aus „La femme 100 têtes" von Max Ernst dient in diesem Fall als Vorbild.

Weiterführende Anregungen zur Unterrichtsgestaltung

Eine Collage gewinnt an Geschlossenheit, wenn das Bildmaterial aus den Illustrierten schwarz/weiß kopiert wird. Basis für die Collage sollte ein Bild mit einer räumlichen Situation sein, das heißt eine Landschaft, eine Straße, ein Zimmer und ähnliches. In diesen Raum werden die Dinge und Lebewesen geklebt, die zusammen eine Geschichte im Kopf des Betrachters auslösen.
Im Prinzip könnte die Collage auch aus lustigen Elementen bestehen, aber das führt in der Regel nur zu einem kurzen Gag und nicht zu einer geheimnisvollen, fantasieanregenden Geschichte. Zum Abschluß kann der jeweilige Nachbar eine Geschichte zur Collage seines Mitschülers erzählen oder zumindest die Situation mit Worten beschreiben.
Auch die Frottage ist keine Technik für „Knalleffekte". Manche Klassen wird man nur für das Experiment des Abreibens interessieren können, denn für die Verwandlung der Frottage in ein Fantasiegebilde bedarf es dessen, was dem Kapitel die Überschrift gab und wovon Max Ernst spricht, des „zündenden Funkens" im Kopf, in der Imagination.
Wenn es aber den Schülern gelingt, das abgeriebene Gebilde auf eine „vollständige und richtige Form zu bringen", wie Leonardo sagt, dann ist das eine außerordentliche Leistung.

Die Illusion des Raumes

(S. 40/41)

Das Gefühl für die Gesetze der Perspektive entwickelt sich allmählich und schrittweise. Im Grunde widersprechen schon die einfachen Regeln der Perspektive den angeborenen Darstellungsmethoden der Kindheit. Kinder vermeiden das Überdecken eines Objektes durch das andere und damit ein Vorne und Hinten. Das Erlernen der linear aufgebauten Schrift tut ein Übriges zur Tendenz der Aneinanderreihung.
Außerdem wissen wir noch nichts von den Auswirkungen unserer „Bildschirmkultur" auf unsere Kinder, noch nie ist eine Generation in dieser Weise mit der Illusion von Raum aufgewachsen. Fotoapparat, Kamera und Computer verwandeln realen oder gedachten Raum problemlos in den perspektivischen Bildraum.
Sehr viele Künstler haben bezeichnenderweise in den vergangenen Jahrzehnten jegliches Interesse an der Perspektive aufgegeben. Wir sollten uns deshalb im Kunstunterricht fragen, welche Bedeutung, welchen Stellenwert wir der Perspektive zugestehen.
Wenn sie für die Schüler experimentellen und entdeckungsfördernden Charakter hat, ist dies sicher positiv. Schlecht wäre es, wenn die Beherrschung der Perspektive zu einem zentralen Kriterium für Zeichnungen und Notengebung würde.

Weiterführende Anregungen zur Unterrichtsgestaltung

Die Seiten 40 und 41 enthalten eine Fülle von Anregungen zur Beobachtung und für praktische Übungen und Aufgaben.
Ähnlich wie in den vorigen Kapiteln sind Aufgaben sinnvoll, die sich auf wenige Schwierigkeiten beschränken. An die Betrachtung des japanischen Holzschnitts könnte man das Thema „Gespräch über den Gartenzaun" anschließen. Auf diese Weise läßt sich mit Hilfe der Trennungslinie des Zaunes, der in den Zwischenräumen sichtbar wird, die Darstellung des „Vorne" und „Hinten" problematisieren.
Der stereometrische Garten von Grandville (41.1) zeigt die Möglichkeiten eines spielerischen Umgangs mit der Perspektive, und in dieser Richtung sollte man in dieser Altersstufe auch Themen finden, z. B. „Ich falle in einen Berg von Schachteln", oder „Aus der Erde wächst ein Stachelwald".
Auch die „Geometrischen Körper" von Joshua Kirby (LH, Bild 6) können Sie als Anregung verwenden, besonders für die Wirkung des Lichtes auf die verschiedenen Flächen.
Das Beispiel der Architekturzeichnung kann in Zusammenhang mit einem Projekt aus diesem Bereich ein brauchbares Vorbild für eigene Versuche bilden, Gebäude über einem Grundriß zeichnerisch aufzubauen.

Hans Burgkmairs Holzschnitt (41.2) gibt einen Ausblick auf die Fluchtpunktperspektive und ermöglicht gerade wegen gewisser Unstimmigkeiten Diskussionen über die Perspektive im Unterrichtsgespräch.

Schrift im Bild

(S. 42/43)

Die Schrift in allen ihren Erscheinungsformen und Verwendungszusammenhängen ist mit Recht ein wichtiges Element in den Lehrplänen.
In diesem und im nächsten Kapitel liegt der Schwerpunkt auf der Verbindung von Schrift mit dem Medium Bild. Das entspricht den heutigen Seherfahrungen eher als die isolierte Beschäftigung mit Schrift allein. Außerdem hat die Verbindung von Bild und Schrift eine lange Tradition, die auf dieser Doppelseite an einigen Beispielen vorgestellt wird.
Seite 42 zeigt zwei Bild-Schrift-Kombinationen aus dem alten Ägypten. Dabei wird bereits die bis heute wichtige Frage gestellt: Was leistet das Bild im Vergleich zu Schrift und Sprache und umgekehrt?
Während die Schule wohl zu Recht ihren Bildungsauftrag überwiegend über Sprache und Texte erfüllt, beobachten und erleben wir in fast allen anderen gesellschaftlichen Bereichen die wachsende Tendenz zum „Multimedialen“, in dem das Bild – und dazu gehört auch das Filmbild – ein Übergewicht gegenüber Sprache und Schrift gewinnt. Die Frage nach dem Verhältnis zwischen Bild und Schrift führt ins Zentrum der Medienerziehung.
Kritik beispielsweise an der Berichterstattung in Zeitschriften und im Fernsehen gewinnt an Substanz, wenn sie Bild/Film und Sprache/Text vergleichend untersucht. Dafür können die hier vorgestellten Beispiele eine Grundlage schaffen.
Der Bildausschnitt aus Sennufers Grab führt ohne Kommentar nicht nur bei Kindern zu elementaren Fehldeutungen. Unser Denkraster ordnet Bilder im wesentlichen in die Kategorien „Dekoration/Unterhaltung“ oder „Information“ ein. Beides trifft hier nicht zu.
Auch wenn die Schülerinnen und Schüler die religiös bestimmte Sichtweise der Ägypter nicht wirklich verstehen werden, erkennen sie aber die Andersartigkeit. Und der aktuell-zukünftige Bezug zu unserer Zeit ist erstaunlich.
Unsere Denk- und Sehraster sind bereits in einem Veränderungsprozeß. Mit Entwicklungen wie zum Beispiel „Cyber-Space“ schaffen wir uns virtuelle, scheinhafte (Bild)Welten, die uns erlauben – nicht unbedingt nur zur Unterhaltung – in „Wirklichkeiten“ einzutauchen, für die es bald keine Grenzen der Machbarkeit mehr geben wird.
Die Wandzeichnungen oder Reliefs in den Häusern der Toten beschwören virtuelle Situationen, die sich bildlich darstellen lassen und ebensolche imaginierten Handlungsabfolgen, die nur über die Schrift dargestellt werden können.
Auch Gedanken und Zusammenhänge vermag das Medium Bild nur schwer zu vermitteln. Davon spricht Dürer zunftkritisch auf seinem Porträt des Erasmus von Rotterdam (43.2).
Die biblia pauperum (43.1) ist in diesem Zusammenhang als der – letztlich gescheiterte – Versuch zu sehen, die der Schrift unkundigen Menschen über das Bild mit der Heiligen Schrift vertraut zu machen.
Die Jüdische und die Muslimische Religion haben aus diesem Problem bekanntlich die radikale Konsequenz des Bilderverbots gezogen. Die Geschichte vom „Tanz um das Goldene Kalb“ markiert die Abwendung von der bildlichen Darstellung religiöser Inhalte sehr anschaulich.

Bild 6: Joshua Kirby: Geometrische Körper, 1754. Radierung

Jahrhundertelang blieb das Verhältnis zwischen Bild- und Schriftkultur gespannt, bis auf den heutigen Tag. Bis heute behielt etwa der Protestantismus eine bilderfeindliche Komponente, während katholische Kultur prinzipiell bilderfreundlicher eingestellt ist.

Weitgehend unbemerkt bleibt heute immer noch die Tatsache, daß sich mit dem bewegten Bild, dem Film, die Situation geändert hat. Der Film kann vieles, das bisher nur Schrift und Sprache leisteten: Film als Bildmedium kann Handlungen, Zusammenhänge, Folgerungen und auch Gedanken darstellen (vgl. S. 120/121)!

Deshalb ersetzt er heute immer mehr das Wort. Aber natürlich gibt es erhebliche Unterschiede in der Darstellung von Handlungen und Gedanken im Film und deren Darstellung in Wort/Schrift oder Sprache.

Eine andere elementare Frage wird auf dieser Doppelseite noch angesprochen, die mit dem Verhältnis von Bild und Schrift zusammenhängt: Die Frage nach der Individualität und Einzigartigkeit des Einzelnen.

Beim Porträt des Senenmut wird im Text auf die zeichnerische Abkehr vom Schönheitsideal zugunsten der Wahrheit hingewiesen. Auch für die alten Ägypter war offensichtlich das wirkliche Gesicht eines Menschen wesentlicher Teil seiner Identität. Hier wird der Name als Schriftzeichen sekundär.

Warum zeichnet Dürer ein Porträt des Erasmus, auch wenn er einschränkt, daß damit nichts vom „wirklichen" Erasmus gezeigt wird? Brauchen wir nicht ein Bild von ihm, damit er für uns eine Identität bekommt, und warum hat ein Mann des Wortes wie er dem Proträt zugestimmt?

Unterschätzen Sie nicht das Interesse Ihrer Schülerinnen und Schüler an diesen Fragen. Aussehen, Image, Styling oder wie man es nennen will, auch davon lebt eine Industrie. Das ist nicht nur eine Modefrage, wir dürfen die Identitätssuche über das Äußere nicht herabsetzen.

Ist es nicht außerordentlich tröstlich für 13- bis 14jährige Jugendliche, wenn Senenmut vor etwa 2500 Jahren ein körperliches Zeichenporträt brauchte, um sich seiner Einzigartigkeit zu versichern, das sich letzten Endes durch häßliche Abweichungen vom Ideal auszeichnete?

Weiterführende Anregungen zur Unterrichtsgestaltung

Die ägyptischen Profil-Porträts sind ein guter Anlaß für ein Schattenprofil der Schülerinnen und Schüler. Am besten geht es zu dritt: Ein Schüler stellt sich ins Lichtfeld des Tageslichtprojektors vor die Tafel, der zweite hält seinen Kopf ruhig, und der dritte zeichnet auf einem in der richtigen Höhe an der Tafel befestigten Blatt die Profillinie des Schattens nach. Das Ergebnis fällt nicht immer gleich zur Zufriedenheit aus, insbesondere im Mundbereich. Hier hilft eine eingehende Betrachtung der Senenmutzeichnung. Es schadet im übrigen nichts, wenn die Schüler ihr Auge auch sozusagen ägyptisch in Vorderansicht zeichnen.

Für die Verbindung des Profils mit Schrift gibt es eine Fülle von originellen Möglichkeiten. Der eigene Name kann in sich der Außenform anpassenden Großbuchstaben den ganzen Kopfraum ausfüllen, der Name kann auch in Schreibschrift mehrmals wiederholt die Haarsträhnen ersetzen.

Das Profil könnte auch zweifach aus Papier ausgeschnitten werden und Nase an Nase – in der Art und Weise wie das bekannte Vase-Gesicht-Vexierbild – auf ein drittes, andersfarbiges Papier aufgeklebt werden. Aber anders als bei diesem Vorbild (LH, Bild 7) könnten die Hinterköpfe – gespiegelt – die Form der Initialen von Vor- und Nachname tragen. Lassen Sie die Schüler weitere Lösungen für die Verbindung von Profil und Namen finden.

Bild 7: Der sog. „Rubinsche Becher"

Bild 8: Plakat der Junkers Motorenwerke, 1944

Druckende Steine und bewegte Worte

(S. 44/45)

Die Verbindung von Wort und Bild ist in der Werbung allgegenwärtig, sei es in Zeitschriften, auf Plakaten oder auch im Fernsehen. Selten kann man die Ergebnisse zur Tradition der Plakatkunst eines Toulouse-Lautrec rechnen. Dennoch wissen schon die Kinder sehr wohl Qualität zu schätzen. Und die Werbeleute haben längst gelernt, Ästhetik, Witz und Originalität als wichtige Faktoren einzubeziehen.

Die Werbung ist – das kann man leider nicht übersehen – die mächtigste und einflußreichste ästhetische Erzieherin. Der Versuch, Werbegrafik durch Analyse im Kunstunterricht als Manipulationsinstrument zu entlarven, wie es sich unter anderem die „Visuelle Kommunikation" zum Ziel gesetzt hatte, gelingt durchaus nicht immer.

Wie immer man zum Beispiel die Werbestrategie der Firma Benetton mit ihren Reportage-Fotos einschätzen mag, die Entfernung zwischen Bild und Produkt ist größer nicht denkbar. Und wir dürfen annehmen, daß der Ideenreichtum der Werbeleute längst nicht ausgeschöpft ist. Es ist trotzdem sinnvoll, dieses Gebiet in den Kunstunterricht einzubeziehen, ein Thema, das auch die Grundsteine Kunst 3 aufgreifen.

Der auf dieser Doppelseite vorgestellte Ansatz, die Macht des Bildes mit der Rolle und den Möglichkeiten der Schrift zu vergleichen und zu untersuchen, entideologisiert die Analyse und führt in Verbindung mit praktischen Arbeiten der Schüler zu einer bewußteren Haltung der kommerziellen Werbung gegenüber.

Lassen Sie die Jugendlichen Werbung aus Zeitschriften mitbringen, die sie gut finden, Sie lernen dadurch als Lehrerin oder Lehrer sehr viel über Ihre Schüler. Wichtig sind Begründungen, warum etwas gut ist und wodurch das erreicht wird, ändern werden Sie an diesen Neigungen und Gefühlen nichts.

Das politische, propagandistische Plakat in seinen häßlichsten Formen schien schon zugunsten eher moderater Wahlkampfplakate aus unserem Alltag verschwunden zu sein, aber seit sich rassistische Randgruppen auch dieser Mittel bedienen, hat dieses Problem unerfreuliche Aktualität erhalten.

Das US-Army-Plakat erlaubt eine klare Beschreibung seiner wirkungsvollen Elemente, ohne beim Schüler genaue historische Kenntnisse vorauszusetzen. Auch das hier abgebildete Plakat der Junkers-Werke (Bild 8) kann von Schülern dieses Alters in seinen Zusammenhängen verstanden werden. Bewußt wurde kein Beispiel nationalsozialistischer oder kommunistischer Hetzpropaganda ausgewählt, weil derartige Plakate einer ausführlichen Darstellung der historischen Situation bedürfen, und damit den zeitlichen Rahmen des Kunstunterrichts sprengen.

Es ist auch kein Zufall, daß dieses Plakat nicht im Schülerbuch abgebildet ist, sondern hier im Lehrerbegleitheft. Einerseits sollte man nicht zu zimperlich sein und das im Kunstunterricht verwendete Bildmaterial auf das Harmonisch-Freundliche einschränken, die Kinder sind in diesem Alter bereits Unglaubliches gewohnt. Andererseits unterscheiden Schüler sehr wohl zwischen ihren alltäglichen Medienerfahrungen und einem Schulbuch.

Natürlich werden die Schüler auch zum Junkers-Plakat einige Fragen haben, die aber ohne allzu großen Zeitaufwand beantwortet werden können. An aktuellen Bezügen zu kriegerischen Auseinandersetzungen in der Welt mangelt es leider nicht.

Worauf es ankommt, sind die Mittel, mit denen dieses Kriegsplakat operiert. Dazu einige Stichpunkte. Im Mittelpunkt drängt sich die häßliche, nach der Weltherrschaft greifende, britische Kralle auf, die von dem schräg ins Bild hereinfliegenden Flugzeug mit einer Bombe angegriffen wird. Das Bild der Kralle steht im Gegensatz zum wappengeschmückten Schriftband mit dem kuriosen Wahlspruch des Hosenbandordens: „Honni soit qui mal y pense"– verachtet sei, wer Schlechtes dabei denkt.

Suggeriert werden soll, daß hinter der ehrenwerten Fassade des Königreichs die blanke Habgier steckt. Die Schrift steht also hier für Täuschung und das Bild für die angebliche Wahrheit. Auch der eigentliche Plakattext verwendet die Schrift in suggestiver Weise. Die Worte: „gegen britische Habgier" sind in einer nüchternen, klaren Schrift gesetzt, die sachlich und objektiv wirken soll, während das „Wir kämpfen (und so weiter)" handschriftlich, leidenschaftlich aussieht, und damit den appellhaften

Charakter unterstreicht. Dieser Aspekt leitet über zu den Möglichkeiten, mit Schrift und Bild die den beiden Medien an sich nicht innewohnenden Elemente „Geräusch“ und „Bewegung“ visuell zu simulieren.
Kindern ist das Lautmalerische der Schrift durch die Lektüre der Comics bekannt. Wie das Beispiel „BOOM“ zeigt, hat auch der Comic die Tendenz, möglichst multimedial zu sein, das heißt, sich dem Medium Film anzunähern. Deshalb haben die Comiczeichner eine spezifische Art von Worten erfunden, die es so zuvor wohl in keiner Sprache gegeben hat, die „Geräuschworte“, wie „Zack, Knirsch, Blubb“ und so weiter.
Und diese Lautworte werden häufig dem Charakter des Geräusches entsprechend gestaltet. Zu diesem manchmal recht kreativen und experimentellen Umgang mit Schrift gibt es Parallelen in der Kunst, besonders bei den Futuristen und den Dadaisten, Künstlern, denen häufig der Vorwurf gemacht wird, Verrücktheiten in die Welt gesetzt zu haben. Carrás „Worte in Freiheit“ sind keineswegs eine ästhetische Spielerei und unterscheiden sich durch die Ernsthaftigkeit und den politischen Bezug von der Collage von Max Ernst (39.1). Carrás Bild lebt von durch Geraden unterbrochenen Kreisen, die sogar eher eine Spirale bilden, das heißt, von einer Bewegung. Links vom Zentrum ist – wenn auch etwas verfremdet – „eviva il re“ zu lesen „Es lebe der König“, ein Ausruf, der mehrmals wiederholt im Mittelpunkt dieses Strudels untergeht. Das Übrige zu übersetzen lohnt nicht, es sind Informationsfetzen, wie wir sie von Zeitungen aufnehmen. Nichts ist geordnet und logisch aneinandergereiht, wie es sein sollte, und so wirken in unübersichtlichen Zeiten, die damals eine Ausnahme waren und heute eher die Regel sind, Informationen auf uns. Mögen die Nachrichten auch jeweils klar und logisch im Fernsehen oder in der Zeitung dargestellt werden, das Gesamtbild der Informationsaufnahme in unserem Kopf, nicht nur in dem von Kindern dieses Alters, ist eher chaotisch, so wie es Carrá visualisiert.
Schrift und Bild verbinden sich hier symbiotisch in der Botschaft, daß beide – getrennt oder zusammen – uns die Realität nicht immer wirklich erklären können.

Weiterführende Anregungen zur Unterrichtsgestaltung

Das „Uncle-Sam-Plakat“ ist schon oft witzig verfremdet worden. Schneiden Sie ihm Hut und Schrift weg und geben Sie jedem Schüler eine vergrößerte Kopie. Eine andere, gezeichnete Kopfbedeckung verwandelt ihn erheblich, aber das wichtigste ist ein neuer Text. „Hast DU Hausaufgaben gemacht?“ wäre eine brauchbare Lösung, die Schüler werden aber sicher noch Originelleres erfinden.
Ausgehend vom „BOOM“-Beispiel sammeln die Schüler lautmalerische Comic-Schriften, untersuchen die wirkungsvollsten Methoden und entwerfen dann ein „Geräuschbild“, auf dem dann riesengroß KLIRR, PLOPP und so weiter zu sehen ist, verstärkt durch passende Formen und Farben. Für die plakative Wirkung besonders geeignet sind hier deckende pigmentstarke Dispersionsfarben.
Mit den Ergebnissen läßt sich auf jeden Fall eine (laut)starke Ausstellung gestalten.
Für freie, spielerische Gestaltung mit Buchstaben oder Worten gibt es unzählige Variationsmöglichkeiten. Besonders schön, und für eine 7. oder 8. Klasse bereits erreichbar, ist das abgebildete Buchstabenbild von Palatino (LH, Bild 9).

Bild 9: Giambattista Palatino: Aus „Gran volume“

Eine Collage in der Art von Carrá sollte mit einem anregenden Thema verbunden sein, auf das sich die Wortfragmente beziehen. Die Schüler sollten auch kräftig mit Übermalungen arbeiten, damit die Wortcollage nicht an einen Erpresserbrief erinnert.

Bewegung auf dem Papier

(S. 46/47)

Nach aller bisher geleisteten Vorarbeit dürfte die abstrakte Komposition bei den Schülerinnen und Schülern nicht mehr auf grundsätzliches Unverständnis stoßen.

Wir haben bei Bildern unterschiedlicher „Wirklichkeitsnähe" Strukturen, Gesetze und Wirkungselemente kennengelernt, die sozusagen ein Eigenleben unabhängig vom Bildgegenstand führen. Form und Grund, Ordnung, Komposition und Bewegung haben die Schüler auf dem Wege der Kunstbetrachtung und bei der eigenen gestalterischen Arbeit kennengelernt.

Die Eigenschaft des Bildes, ein Abbild der sichtbaren Oberfläche der Erscheinungswelt zu sein, wurde nicht in Frage gestellt, aber nach und nach relativiert und um andere Aspekte erweitert. Diese Erweiterung des Bildbegriffs sollte nicht verwirrend wirken, und das ist leicht zu erreichen, wenn nicht das fertige „schöne Bild" einziges und vorrangiges Ziel im Kunstunterricht ist, sondern wenn entdeckendes und experimentierendes Gestalten einen hohen Stellenwert besitzt. Deshalb sollten im übrigen auch die „Übungen" in die Benotung einbezogen werden, weil sie sonst – alle Problematik der Benotung einmal beiseite gelassen – entwertet werden.

Auch die Erweiterung des Kunstbegriffs sollte in dieser Altersstufe Ziel des Unterrichts sein, um so mehr als die allgemeine Akzeptanz der Moderne der Tatsache hinterherhinkt, daß wir unsere Gegenwartskultur bereits mit dem Begriff der „Postmoderne", d.h. einer Epoche nach der Moderne, definieren.

Die „Abstrakte Kunst" ist nicht mehr modern, nicht neu, alles andere als avantgardistisch, sondern mehr als ein halbes Jahrhundert alt. Dennoch birgt sie noch immer für die Mehrzahl eine Provokation, aber darin liegt auch ein produktives Potential.

Sonderborgs „Komposition" (46) ist so frei und frech, schwungvoll und doch gelungen, wie wir alle gerne sein wollen oder einmal wollten. Sie wirkt als Symbol der Unordnung.

Aber das von den vorangegangenen Erfahrungen geschulte Auge verbleibt nicht lange beim Eindruck des Chaotischen, es erkennt bald Strukturen im Chaos, Richtungen, Bewegungen, Zögern, Kraft, und die Spuren eines zeitlichen Prozesses.

Damit haben wir einen neuen Aspekt im Spektrum des Mediums Bild: die Dokumentation von Zeit, die Dokumentation eines mit Emotionen verbundenen Vorgangs. Verstehen können das die Schüler, wenn sie es selbst erleben.

Eigentlich sollte das Zeichnen und Malen immer auch seinen Selbstzweck im Vorgang des Schraffierens oder Farbauftragens haben, so wie das Musizieren seinen Sinn im Prozeß des Spielens hat und am Ende eigentlich nur noch ein Nachklang des musikalischen Ereignisses im Ohr nachschwingt.

Weiterführende Anregungen zur Unterrichtsgestaltung

Es ist sinnvoll, der Betrachtung der „Komposition" von Sonderborg das Zeichnen nach Musik voranzusetzen, wenn Sie das nicht schon zuvor einige Male geübt haben.

Im Kunstunterricht kann das Zeichnen oder Malen nach Musik ein häufig wiederkehrendes Element sein, das in nur ein paar Minuten eine körperlich-emotionale Trennungslinie zum Unterricht davor schafft. Wenn Sie geeignete Musik gefunden haben, zu der man zeichnen kann, lassen Sie auch die Kinder Musik mitbringen. Fünf Minuten nur zeichnen nach der bevorzugten und mit Emotionen assoziierten Musik verändert die Vorstellung von bildnerischer Gestaltung vermutlich stärker als viele Erklärungen.

Wenn es irgendwie möglich ist, steigern Sie diese Erfahrungen mit dickflüssiger Farbe und breiten Pinseln, um mehr Ausdruck und Bewegung einzubeziehen. Lassen Sie Experimente zu, fordern Sie dazu auf, zum Beispiel mit dem Stiel des Pinsels in die Zeichnung oder Malerei hineinzukratzen. Und trotz aller Freiheit sollte eine Komposition auch bildlich entstehen, parallel zur musikalischen.

Auch ohne Bezug zur Musik finden Schüler Freude am gestischen, abstrakten Zeichnen, wenn sie sich die Frage, was es bedeuten soll, so nicht mehr stellen. Dann ist es auch denkbar, eine freie Komposition als Aquatinta-Radierung auszuführen.

Den Abschluß des Grafikkapitels bilden zwei Zeichnungen zum Motiv Tanz. Sie können Anlaß zu einem Bildvergleich sein. Rodins „Kambodschanische Tänzerin" (47) und Degas' „Grüne Tänzerinnen" (48) sind von einem relativ eingehenden Text begleitet, der ohne einem bestimmten Schema zu folgen, Aspekte einer Bildbetrachtung vorstellt, an der sich die Schüler orientieren können, wenn sie Bilder miteinander vergleichen.

Mit der Fotografie, die Rodin beim Zeichnen einer der Tänzerinnen zeigt (LH, Bild 10), schließt sich der Kreis im Kapitel Grafik zu der etwas verkürzten Anfangsfrage: „Warum zeichnen wir?"

Der um die Fotografie erweiterte Bildvergleich zeigt Reichtum und Vielfalt der Wirklichkeit, der wir uns mit verschiedenen Bildmedien, bildnerischen Mitteln und über das persönliche Werk eines Künstlers nähern können.

Literatur

Bachler, K.: Bruckmann's Handbuch der modernen Druckgrafik, München 1973

Gombrich, Ernst: Kunst und Illusion, Stuttgart 1978

Jaxtheimer, B.: Knaurs Zeichenbuch, München 1979

Klein, H.: Sachwörterbuch der Drucktechnik, Köln 1975

Koschatzky, Walter: Graphik, Zeichnung, Aquarell, München 1986

Koschatzky, Walter: Die Kunst der Zeichnung, München 1981

Kowalski, K.: Druckgraphik; Schülerarbeitsheft und Lehrerbegleitheft, Stuttgart 1988

Locher, J. (Hrsg.): Leben und Werk, M.C.Escher, Remseck 1984

Reindl, R.: Linolschnitt-Techniken, München 1976

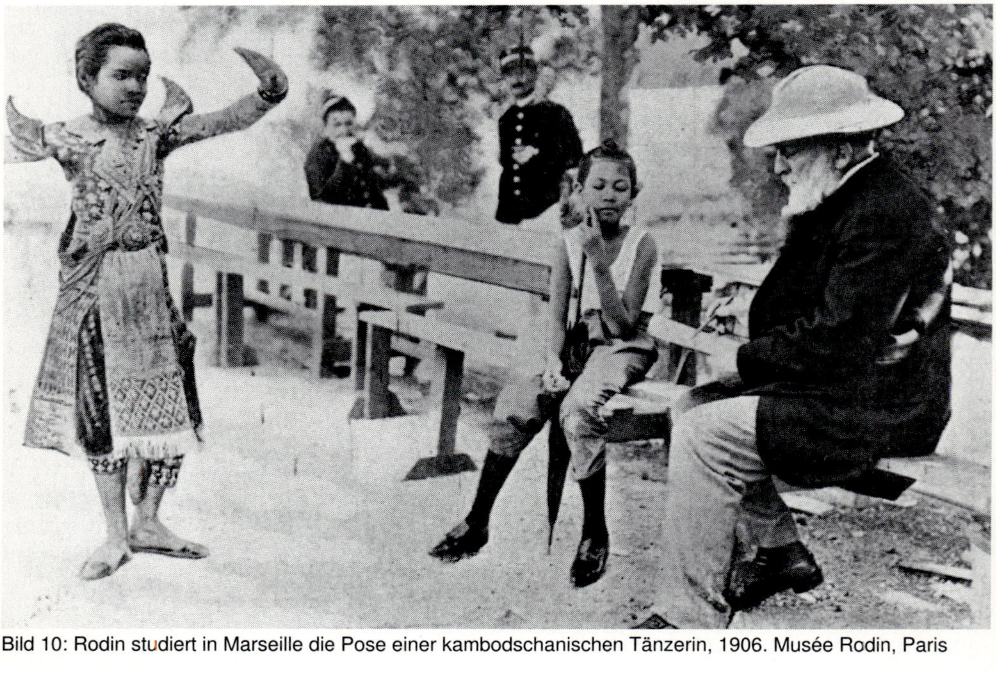

Bild 10: Rodin studiert in Marseille die Pose einer kambodschanischen Tänzerin, 1906. Musée Rodin, Paris

1. Didaktisch-methodische Erläuterungen

Kreativität setzt umfassendes Breitenwissen als Repertoire für divergierendes Denken voraus. Auf diesem Hintergrund wurde der Kommentar angelegt. Er soll den Lehrer/die Lehrerin vom Suchen und Zusammentragen von Hintergrundwissen entlasten und dadurch mehr Freiheit für die Aufgabenfindung und für den eigentlichen Unterricht ermöglichen.

Das Kapitel Plastik in den Klassen 7 und 8

Voraussetzungen für diesen Arbeitsbereich sind die Kenntnisse, Erfahrungen und Fertigkeiten, die im ersten Band angesprochen sind.
Der Horizont des Gestaltens und des Reflektierens wird nun bestimmt durch die Frage nach der Wirkung und Bedeutung plastischer Werke und der dieser Wirkung zugrundeliegenden werkimmanenten Faktoren: den plastischen Gestaltungsmitteln wie Umriß, Proportion, Richtungsbeziehungen, und deren Organisation im Raum. Die Frage nach der Ähnlichkeit, der „echten Wirkung", interessiert die Heranwachsenden nicht nur im Bereich der Plastik. Gestaltungskompetenz ist das eine, das andere die Weiterentwicklung eines Weges der Werkbetrachtung. Sie soll zum sachverständigen Betrachten und Urteilen führen. Differenzierung der Begriffe und ihre anschauliche Form in der Abbildung sind Voraussetzung für eine fundierte Betrachtung.
Die Beschäftigung mit der menschlichen Figur ist ein Thema, das die Bildhauer seit jeher und bis ins 20. Jahrhundert hinein bewegt.
Zwei unterschiedliche Gestaltungsrichtungen lassen sich verfolgen: die Entwicklung zum Zeichen, und die Entwicklung zur Objekt-Figur (vgl. D. Hanson S. 57). Unterschiedliche Darstellungsabsichten werden dabei in den Mittelpunkt gerückt: Die innere Wirklichkeit des Menschen, die sich im Bewußtsein seiner selbst als handelndes Individuum zeigt, und die äußere Wirklichkeit, das Gegenüber, das in seiner Gestalt und Bewegung Anregung wird für plastische Formulierungen.
Das Senkrechte des „langen Steins" (Menhir) kann ebenso auf die Beseelung eines Fundstücks verweisen, wie es deutlicher die elementaren Ritzungen und reliefhaften Bearbeitungen von Stelen tun (vgl. S. 70).
Auch der Säule ist etwas von dieser anthropomorphen Eigenschaft geblieben. Sie ist Bindeglied zwischen Architektur und Plastik: man spricht vom Fuß und vom Kopf der Säule.
Die Analogie zwischen Säule und menschlicher Figur wurde im Wiederentdecken antiker ästhetischer Gesetze Maßstab für die Proportionierung von Säule und Kapitell.
Maßstab beim Betrachten einer Skulptur ist der Eindruck, der sich aus dem Verhältnis von Vorbild und Abbild ergibt. Diese „Eindrucksästhetik" (Kris) rechnet es dem Künstler hoch an, wenn er das Vorbild der Natur in seinem Werk getreu wiedergibt.
Für Ovid ist der kaum wahrnehmbare Abstand zwischen Kunst und Leben wichtiges Merkmal in der Pygmalionszene: „So läßt Kunst nicht sehen Kunst".
Lebendigkeit, durch die Wahl des richtigen Bewegungsausschnittes einer Handlung hervorgerufen, faszinierte Goethe an der Laokoongruppe.
Er hatte 1769 einen Abguß der Gruppe zum ersten Mal gesehen und später auf seiner Italienreise das Original vor Augen gehabt (Bild 11). 1798 erscheint sein Aufsatz „Laokoon" in den Propyläen, einer von ihm herausgegebenen Zeitschrift.
„Die Bildhauerkunst wird mit Recht so hoch gehalten, weil sie die Darstellung auf ihren höchsten Gipfel bringen kann und muß, weil sie den Menschen von allem, was ihm nicht wesentlich ist, entblößt. So ist auch bei dieser Gruppe Laokoon bloßer Name; (...) er ist nichts von allem, wozu ihn die Fabel macht: es ist ein Vater mit zwei Söhnen, in Gefahr, zwei gefährlichen Tieren zu unterliegen. (...) Ihrer Natur gemäß schleichen sie heran, umschlingen, schnüren zusammen, und die eine beißt gereizt. (...) Äußerst wichtig ist dieses Kunstwerk durch die Darstellung des Moments. Wenn ein Werk der bildenden Kunst sich wirklich vor dem Auge bewegen soll, so muß ein vorübergehender Moment gewählt sein; kurz vorher darf kein Teil des Ganzen sich in dieser Lage befunden haben, kurz hernach muß jeder Teil genötigt sein, diese Lage zu verlassen; dadurch wird das Werk Millionen Anschauern immer wieder neu lebendig sein."

Die fotografische Momentaufnahme eines Bewegungsablaufes oder einer Handlung ergibt nicht automatisch den richtigen Ausschnitt.
Für die Darstellung einer bewegten Figur ist die Prägnanz der gewählten Haltung und des Ausschnittes aus einem Handlungsvorgang wesentlich. Sie müssen typisch und charakteristisch im Hinblick auf die Handlung sein.
Früh gab es Versuche, Bewegungsapparate zu konstruieren, die mit den Mitteln der Mechanik auch Figuren Lebendigkeit verleihen. Automatenwesen, sowie sich selbstbewegende Apparaturen, werden konstruiert. Antriebskräfte liefern die Elemente und die Muskelkraft von Mensch und Tier.
Maschinen erleichtern die tägliche Arbeit der Menschen. Darüberhinaus werden Spiel- und Unterhaltungsmaschinen und seit dem 20. Jahrhundert auch die Kunst-Maschinen (Kinetische Kunst) entwikkelt.
Die Teilkapitel auf S. 62–65 geben exemplarisch Einblick in die Geschichte der Automaten. Sie sind als Vorbereitung auf die Kunstäußerung im Bereich der Kinetik im Band Grundsteine Kunst 3 gedacht.

Bild 11: Agesandros, Athanadoros, Polydoros: Laokoon und seine Söhne, 1. Jh. v. Chr., Rom

Literatur:

Goethe, J. W. v.: Werke, Hamburg 1953, S. 56 f
Kris, E./Kurz, O.: Die Legende vom Künstler, Frankfurt a. M., 1980
Ovid: Metamorphosen 10. Buch, Verse 243–297, in einer Übersetzung von Reinhart Suchier, München o. J.
Paatz, W.: Die Kunst der Renaissance in Italien, Stuttgart 1961

Perspektiven und Wege

Wie im vorhergehenden Band Grundsteine Kunst 1 können auch hier die einzelnen Kapitel getrennt voneinander behandelt werden. Der enge Bild- und Textbezug der Doppelseiten soll zur Reflexion anregen. Reflexion findet bereits durch das praktische Lernen statt, was jedoch nicht heißt, daß die Bildbeispiele der „nachahmenden" Gestaltung dienen sollen. Vielmehr müssen die entsprechenden gestalterischen Prinzipien, Mittel und Regeln der Aufgabenstellung zugrunde liegen. Dieser didaktische Ansatz galt bereits für den Band 1 und ist dort im Lehrerbegleitheft S. 31 in seiner inhaltlichen Konsequenz ausgeführt.
In Worte gefaßte spekulative und argumentierende Auseinandersetzung mit ästhetischen Aspekten aus Umwelt und Kunst sind dabei notwendig. Sie sollen, ebenso wie die spielerisch-experimentellen Ansätze mancher Arbeitsanregungen, auch die sprachliche und rhetorische Kompetenz fördern.
In erster Linie wird in den Klassen sieben und acht die praktische Arbeit im Vordergrund der Lehrkonzepte stehen müssen: Über die Handlungserfahrung werden instrinsische Motivaton und Einsicht erreicht und Zutrauen zu den je eigenen Fähigkeiten geschaffen, die einer lebendigen Auseinandersetzung mit Begriffen und Systemen förderlich sind.
Grundlegende und exemplarische Aspekte der Gestaltung und Betrachtung von Plastik waren auch in diesem Band Maßstab für die Auswahl und Aufarbeitung, sie gründen auf die Bildungs- und Lehrpläne der Bundesländer.
Exemplarisch sollen folgende Felder erfahren und bearbeitet werden können:

- Die Wirkung einer Plastik auf den Betrachter soll von deren Grenze zum Raum (Umriß) verstanden werden.

- Die Gestaltung als Prozeß im Atelier eines Künstlers soll einen Einblick in die Geburt einer künstlerischen Idee geben. Sie ist die Antriebsfeder für den Einsatz der bildnerischen Mittel. Die Wahl eines jungen zeitgenössischen Künstlers soll dazu ermuntern, lokales und regionales Kunstschaffen einzubeziehen. Wo es keine standardisierten Urteile und Beurteilungen gibt, wird eine eigenständige Urteilsbildung gefordert; werden das wache Auge, das fragende Forschen und das Einfühlen gefördert. Die Erfahrung, daß die künstlerische Arbeit im Atelier eben nicht eine geradlinige Anwendung formaler Elemente, Mittel und Techniken ist, daß Umriß, Volumen, Masse, Kante, Fläche und Oberfläche, Richtungen, Größen und Größenverhältnisse Ausdrucks- und Bedeutungsträger sind, die je nach der Intention des Künstlers gewichtet werden, kann Einsichten fördern, die zum Verständnis der Kunst nach 1900 beitragen. Damit kann auch eine Brücke geschlagen werden zu den Themen der Klassen 9 und 10, den unterschiedlichen Abstraktions- und Konkretionstendenzen, wie sie im dritten Band dargestellt werden.
- Ursprünge der Plastik und ihre tradierten Fragestellungen und Darstellungsabsichten sollen in einem Senkrechtschnitt deutlich werden.
- Einem Querschnitt vergleichbar sollen die Checklisten I/II, die die Vielfalt der Funktionen, Techniken, Erscheinungen etc. aufzeigen, zum Ordnen, Verallgemeinern, Definieren anregen. Sie sind gleichsam als fiktive Reise in das Reich der künstlerischen Plastik gedacht, deren Erlebnisse und Erfahrungen in ein Logbuch eingetragen und später ausgewertet werden können.

Fächerverbindende Ansätze

Fächerverbindende Inhalte bieten die Doppelseiten „Die Säule – Von der Architektur zur Plastik" (S. 54/55) und „Das Geheimnis des Polyklet" (S. 60/61) für den gymnasialen Bereich in Baden-Württemberg.
Fächerverbindende Möglichkeiten bieten in methodischer Hinsicht das Rollenspiel (S. 51/53) in der Verbindung zwischen **Bildender Kunst** und **Deutsch;** zur **Mathematik** in der zeichnerischen Dokumentation zur Doppelseite „Die Säule ..." (S. 54/55).
Fächerverbindende Inhalte sind darüber hinaus überall dort angelegt, wo die Lust des Problematisierens, die diese Altersstufe prägt, angesprochen wird. Ein mögliches Thema: Meine Schönheit – deine Schönheit: eine Untersuchung aus den Perspektiven **Bildende Kunst, Religion, Biologie**.
Einblicke in Weltbilder (vgl. "Listige Gefährten des Menschen", S. 62/63) verweisen zur **Geschichte,** und wenn es dann um elementare physikalische Sachverhalte (Energie, Antrieb, Übertragung, Bewegung) geht, werden Beziehungen zur **Physik** wahrnehmbar. Virtuelle und reale Bewegung sind ebenfalls Inhalte, die zum aktuellen Erlebnis- und Erfahrungsfeld der „Virtuellen Wirklichkeit" führen und manches von deren Faszination verständlich werden lassen. „Virtuelle Wirklichkeit" (Cyber-Space) ist ein genuin fächerverbindendes Projekt.

2. Kommentar zu den Doppelseiten

Rund um die Plastik

(S. 50/51)

Der Umriß, bereits bekannt aus den Grundsteinen Kunst 1 S. 62/LH S. 28, soll in den Schattenbildern (50.1–4) eine neue Dimension erhalten, indem er aus seinem Verhältnis zur Binnenform gedeutet wird. Es liegt dabei die Vorstellung zugrunde, daß

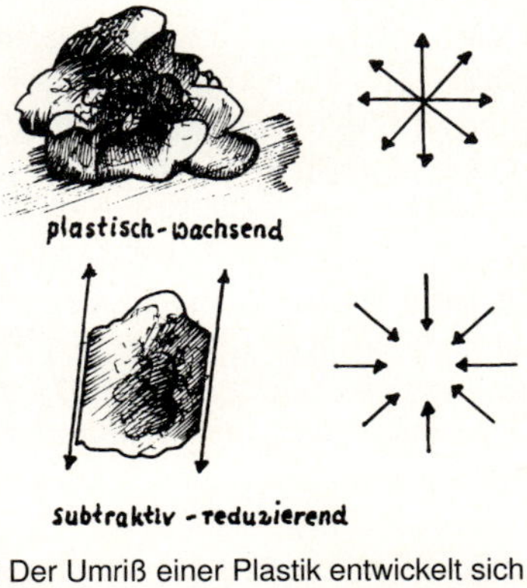

Bild 12: Der Umriß einer Plastik entwickelt sich plastisch-wachsend oder subtraktiv-reduzierend

sich eine Binnenform allseitig in den Raum hinein entwickelt und an ihrem Umriß zur inhaltlich deutbaren Form erhärtet. Es ist ein plastisches Denken, das sich die Form organisch wachsend vorstellt. Das Gegenteil ist der von außen geschaffene Umriß, bei dem das abschleifende, abarbeitende Wirken von Kräften eine neue Gestalt erzeugt, die nichts mit der Binnenform zu tun haben muß, sondern sich dazu kontrastierend verhalten kann. (vgl. Bild 12, LH S. 35 und E. Barlach, Grundsteine 1, S. 68 und 69).

In der Beziehung der Abbildungen 50.5–7/51.1–3 zu den entsprechenden Künstlerzitaten kann die unterschiedliche Wertigkeit des Umrisses für die Wirkung einer plastischen Gestalt erarbeitet werden:

- Der Umriß wird in Analogie zum gemalten, gezeichneten, auf die Fläche projizierten Bild gewonnen, wie dies das Werk von Medardo Rosso kennzeichnet.
- Der Umriß wird aus der elemantaren Erfahrung mit Menschen und Dingen gewonnen: Der Vorder- und Rückenansicht, der rechten oder linken Profilsicht. Dies wird im Werk Maillols und seiner statisch-ruhig wirkenden Plastiken und Skulpturen deutlich.
- Der Umriß wird von den Erfahrungen mit Fundstücken geprägt. Moore dreht die kleinen Dinge in der Hand und erkennt so die Vielzahl der möglichen Umrisse, auch die dadurch sich wandelnde inhaltliche Bedeutung des bedeutungsoffenen Fundstücks. Dies ist die Sicht eines Bildhauers, der die menschliche Figur aus Naturformen assoziativ entwickelt.

  „Die Landschaft war immer eine meiner Energiequellen. (...) Außer Ansichten von Landschaften und Wolkenformationen sind für mich auch alle natürlichen Formen eine Quelle nie erlahmenden Interesses. Baumstämme, das Sprießen der Zweige aus dem Stamm, wobei jeder seinen eigenen Luftraum findet, die Struktur und Vielfalt von Gräsern, die Form von Muscheln, Kieseln und so weiter. Die gesamte Natur ist eine nie endende Demonstration von Gestalt und Form.“

  (Moore, in Mitchison, 1981)
- Oskar Schlemmer erklärt den Umriß aus einer fast wissenschaftlich anmutenden Definition, die der klassischen Dreiheit des Dreidimensionalen die vierte Dimension der Zeit hinzufügt, die sich dem Betrachter erst im Nacheinander der Betrachtung erschließt. Dies ist eine Sichtweise, wie sie den Systematisierungstendenzen des Bauhauses wohl auch entsprach.

Anmerkungen zu der Aufgabe S. 51

Im Rollenspiel sollen die Abbildungen und die Künstleraussagen in einer handelnd-reflektierenden Auseinandersetzung verstanden und bewertet werden. Es können unterschiedlichste Fälschungen sein.

Ein paar Anregungen: Die gefälschte Plastik hat zwar einen Wachsüberzug; wenn man sie aber von hinten betrachtet, zeigt sie eine eindeutig identifizierbare Ansicht.

Oder: Wenn man die Figur langsam dreht, erkennt man immer neue, für das Thema der Figur wichtige Ansichten.

Weiterführende Anregungen zur Unterrichtsgestaltung

Die vorliegende Doppelseite bietet die Möglichkeit, die Schattenformen auf ein darüber gelegtes Transparentpapier herauszuzeichnen und nach der Methode der Rastervergrößerung in Handspannengröße zu vergrößern. Dieser Umriß kann dann plastisch weiterbearbeitet werden (z. B. Durchdrücken des Umrisses auf eine Tonplatte und anschließendes Modellieren).

Es entsteht ein Relief, das Ausgangspunkt für die Gestaltung einer Vollplastik sein kann, entweder als eine plastisch-wachsende Form oder als eine subtraktiv-reduzierte Form (vgl. LH Bild 12). Dabei sind auch weitere Vergrößerungen denkbar. Es kann aus Gipsblöcken oder aus lederharten Tonblöcken „geschnitzt“, über Drahtgerüst und Kaschierungsmaterial aufgebaut werden. Oder die Schülerinnen und Schüler versuchen, die drei übrigen „richtigen“ Ansichten zu gestalten. Nach Mooreschem Prinzip kann versucht werden, den Stein, wie er auf Seite 70 abgebildet ist, so zu modellieren, daß er zum Denkmal für ... werden kann. Motive können die jeweiligen Bedeutungen sein, die von den Schülerinnen und Schülern für die Schattenrisse gefunden worden waren.

Im Sinne einer handelnd-aktiven Integration können mögliche Ateliersituationen der vorgestellten Künstler im Schuhkarton o. ä. (Guckkastenraum) installiert werden. Es soll ein Blick in das Atelier des jeweiligen Künstlers gegeben werden, der einen typischen Ausschnitt aus seiner Arbeit zeigt (vgl. Kapitel Plastik S. 52/53)

Literatur:

Mitchinson, David: Henry Moore – Plastiken, Stuttgart 1981

Bernd Zimmer: Im Atelier eines Künstlers

(S. 52/53)

Die Doppelseite bedarf keines vertiefenden Kommentars; die Erläuterung des Textes liefern die Abbildungen, die illustrativ-dokumentierenden Charakter besitzen.

Anmerkungen zu den Aufgaben S. 53

Das Reporterspiel soll zu selbständigem Problemlösen anregen, es kann Projektcharakter haben. Dabei ist an eine fiktive Reportage gedacht. Anlaß dazu kann der Bericht dieser Doppelseite oder auch ein anderer im Großkapitel vorgestellter Künstler sein. Denkbar ist auch eine Reportage über die neuesten Erkenntnisse zur Arbeitsweise nicht mehr lebender, im Kapitel Plastik vorgestellter Künstler aller Provenienz.

Die Säule – von der Architektur zur Plastik

(S. 54/55)

Ein Anlaß für entdeckendes Lernen können die Abbildungen dieses Kapitels werden. Sie zeigen die Vielfältigkeit der Säule und regen zu selbständigem kriterienbildenden Urteilen an.

Weiterführende Anregungen zur Unterrichtsgestaltung

Die Säule, die eine Plastik trägt, kann eine weiterführende Aufgabe sein (vgl. Kapitel Architektur S. 84/85 und LH S. 57). So könnte das Thema „Mein Denkmal", „Mein Idol" mit unterschiedlichen Materialien gebaut, montiert und plastiziert werden.

Eine andere Anregung: In Verbindung zur Architektur wird eine Säule gestaltet, die eben nicht nur tragende, stützende Funktion hat, sondern Visitenkarte des Bauherrn, des Schloßherrn, der Schloßherrin oder gar des virtuosen Architekten ist.

In Verbindung zur Malerei S. 20/21 kann (in Kleingruppenarbeit) die „Tragende Säule" in Originalgröße aus Fertigteilen (Teppichrollen, Kartonnageteile etc.) montiert, mit Zeitungspapier u. a. kaschiert, mit Tonschlämme und Kleister etc. reliefiert werden und anschließend nach den „Kriterien der farbigen Richtigkeit" und der „Stofflichkeitsillusion" (Malerei S. 20) bemalt werden. Die Anleitung Cenninis (Malerei S. 14) kann Ausgangspunkt für die Herstellung des Malgrundes und einer einfachen Ei-Tempera sein. Die Ei-Tempera kann durch Zufügen von etwas Leinölfirnis in ihrer Streichfähigkeit verbessert werden. Marmorsäulen, Eisensäulen, Säulen aus Ziegelstein, Säulen, an denen die Spuren der Zeit zu sehen sind, ruinöse Säulen...

Zu einer Säulengalerie zusammengestellt und in Verbindung mit einer Diaprojektion, kann diese Installation auf einem Schulfest, Klassenfest etc. vorgestellt werden. Um genügend Standfestigkeit zu erzeugen, muß die Säulenbasis mit Sand, Steinen oder Ton beschwert werden.

So echt wie möglich – eine uralte Geschichte

(S. 56/57)

In der Gegenüberstellung von Verrocchios „David" und Hansons „Sitzendem Kind" wird vermutlich die Frage nach der Herstellungsweise einer Bronzeplastik im 15. Jh. in Italien aufkommen.

Die Gießtechnik der Renaissance gründet auf den Erfahrungen des Wachsausschmelzverfahrens im Mittelalter, das auf der antiken Technik mit verlorener Form fußte.

„Die verbreitetste Technik des Gusses mit Kupferlegierungen in der Renaissance ist das Wachsausschmelzverfahren. (...) Ausgangsobjekt für den Statuenguß war ein Modell, das in der Regel in Ton

ausgeführt wurde. Von dem Modell wurde eine Gipsform abgenommen, wobei Imprägnierungen mit Öl, Wachs oder einer Schicht aus feinster Zinnfolie als Trennmittel diente. Die Gipsnegativform wurde mit einem Wachs-Ton-Gemisch ausgekleidet, das dadurch das Positiv der Oberfläche zeigt. Anschließend wurde der Innenraum mit einem Gerüst aus Eisenstäben versehen und der Hohlraum mit Ton gefüllt. Nach dem Öffnen der Form wurde der Tonkern gebrannt. Nun wurden der gebrannte Kern und der Gipsmantel so verbunden, daß zwischen ihnen ein Zwischenraum in der Stärke der Wachs-Ton-Schicht blieb. In diesen Hohlraum wurde nun reines Wachs gegossen. Nach dem Entfernen des Gipsmantels konnte die Wachsschicht überarbeitet und mit dem für den Guß notwendigen Kanälen für den Einguß der Schmelzen und den Abzug der Luft versehen werden. Die Wachsschicht wurde dann zur Herstellung des Gußmantels mit Ton überzogen, der nach außen hin immer gröber wurde. Schließlich wurde der Mantel noch durch Eisenbänder verstärkt. Nach dem Ausschmelzen des Wachses konnte das geschmolzene Metall eingegossen werden."
(Cellini, um 1540)

Benvenuto Cellini, florentinischer Bildhauer und Goldschmied (1500–1571), beschreibt dieses Verfahren mit einigen Varianten in aller Ausführlichkeit und verdeutlicht den Arbeitsgang durch detaillierte Zeichnungen.
Bereits Cennino Cennini hatte um das Jahr 1390 die Technik des Naturabgusses nach verlorener Form ausführlich beschrieben. Es sind Anweisungen zu Bronze- und Bleiguß nach Wachsabdruck und Gipsmodell. Seiner Meinung nach gehören anatomische Modellabgüsse und Abgüsse von Tieren in das Atelier eines modernen Künstlers. Diese Techniken sollten die seiner Meinung nach überholten Musterbücher ersetzen. Er schreibt:
„Vor allem kannst Du immer abgießen also einen Arm, eine Hand, einen Fuß, ein Bein, einen Vogel, ein Tier und jede Art von Lebewesen, Fische und andere ähnliche Tiere."
(Cennini, in Beck/Blume, 1985)
Es wird angenommen, daß Cennini die Kunstlehre des Plinius (23–79 n. Chr.) in seine Theorie der Naturnachahmung übernahm. Die „Historia Naturalis" war dem Petrarca-Kreis in Padua, dem Cennini als Hofkünstler der Carrara angehörte, bekannt. Padua hatte sich im letzten Drittel des 14. Jahrhunderts unter der Signorie der Carrara-Familie und des Hof-Humanisten Petrarca (1304–1374) mit seiner bekannten und renommierten Universität auch zu einer Hochburg der Bildenden Künste entwickelt. Von Plinius hat Cennini auch die Technik des Naturabgusses, die bereits in der Antike bekannt war, übernommen.
Für Cennini war die Kunsttheorie der Naturnachahmung deswegen von besonderer Wichtigkeit, weil er darin eine Aufwertung des Künstlerstatus sah, der sich von der Handwerkertradition des Mittelalters dadurch unterschied, daß die Lebendigkeit eines Kunstwerkes und seine Natürlichkeit durch die Kunst des Künstlers erschaffen wurde. Es ist das Bild des Renaissancekünstlers, des creators.
Vasari nennt Verrocchio den Erfinder des Naturabgusses. Dem wird entgegengesetzt, daß dies wohl mehr der lokalpatriotischen Sicht Vasaris entsprach als dem historischen Sachverhalt: Denn Vasari neigte offenbar dazu, den Florentinern alle Neuerungen in der Kunst zuzuschreiben.

Weiterführende Anregungen zur Unterrichtsgestaltung

Diese Doppelseite zeigt eine Facette der Realismusdiskussion auf, wie sie im Kapitel der Malerei auf den Seiten 18–21 dargestellt wird. In diesem Zusammenhang ist die Kenntnis und die Auseinandersetzung mit der Technik des Bronzegusses als plastische Abformtechnik wichtig. Der Text von Cellini (LH S. 37f) kann für eine Arbeit im Bereich der Grafik („Schrift im Bild", S. 42/43) zugrundegelegt werden, indem der Text zu einem fiktiven zeitgenössischen Dokument umgearbeitet, in entsprechender Schrift geschrieben und mit erläuternden Zeichnungen versehen wird.

Literatur:

Bronzen. Von der Antike bis zur Gegenwart. Katalog zur Ausstellung im Westfäl. Landesmuseum für Kunst und Kulturgeschichte, Berlin 1983
Beck, H./Blume D. (Hrsg.): Natur und Antike in der Renaissance, Frankfurt a. M. 1985

Von Kopf bis Fuß

(S. 58/59)

Die Doppelseite handelt von einer Ausstellung mit dem Titel: *„Der Entwurf des Künstlers. Bildhauerkanon in der Antike und Neuzeit"*, die 1992 im Basler Antikenmuseum gezeigt wurde. Ausgewählt wurden auf S. 58 unterschiedliche Proportionsschemata, die der jeweiligen Bildhauerkunst zugrunde lagen. Im sog. 1. Ägyptischen Kanon werden die hauptsächlichen Kompositionslinien des menschlichen Körpers angegeben: die Mittelsenkrechte, dazu einige wenige waagerechte Bezugslinien. Die Normierung der menschlichen Körperverhältnisse entsprach nicht generell der menschlichen Anatomie. Es war vielmehr ein Proportionsschlüssel, der sich aus der Grundhaltung des aufrechten Menschen ergab und der sowohl Stehender wie Gehender bedeuten konnte. Es war ein zeitloses Menschenbild, das von der bildenden Kunst dargestellt werden mußte (vgl. Grundsteine Kunst 1, LH S. 30). Die Höhe bis zum Haaransatz entsprach sechs Einheiten, die Breite der Gestalt war wohl weniger festgelegt.
Im sog. 2. Ägyptischen Kanon beträgt die Höhe bis zur Augenlinie 21 Einheiten. Der Figur wurde ein Raster unterlegt. Die Einführung des Rasters wird mit der exakten Übertragbarkeit auf den Werkblock erklärt. Dieses Verfahren wurde in der Malerei bis ins 19. Jahrhundert hinein angewandt, wenn Entwürfe, Studien etc. ins endgültige Bildformat übertragen werden sollten.
Vitruv (1. Jh. v. Chr.) setzt sich in seinen 10 Büchern über die Architektur auch mit den Proportionen des menschlichen Körpers auseinander, da ihm dies für den Tempelbau sehr wichtig schien. Er bezieht sich auf „frühere Maler und Bildhauer", und es wird angenommen, daß er damit die griechische Klassik meint. Beim griechisch-klassischen Kanon charakterisiert eine vertikale Vierteilung der Körperhöhe einen weitgehend achsensymmetrisch angelegten Rumpf. Die Kopflänge von Scheitel bis Kinnspitze beträgt $^1/_2$ Einheit. Diese wird wiederum in Augenhöhe halbiert. Die Kopflänge beträgt also $^1/_8$ der gesamten Einheit. Es entsteht ein relativ schlanker Figurentyp. Jede Strecke in diesem Proportionskanon wird durch ihr Verhältnis zur Gesamthöhe des Menschen definiert, z. B. auch die Strecke zwischen Ellbogen und Mittelfingerspitze. Dieses Verfahren der aliquoten Teilung (ohne Rest teilend) ist für Griechenland seit Beginn der Klassik belegt. Die Vorliebe für ein solches aliquotes System wird erklärt mit dem Wunsch, ein organisches Ganzes in den Figuren darzustellen, bei dem jedes Teilstück Teil eines anderen ist.
Vom mechanischen Rastersystem mit seinem rechtwinkligen senkrecht-waagerechten Bezugssystem geht die Entwicklung in Griechenland zu einem Verfahren, mit dem harmonische Gestalten gewonnen werden sollten. Diese Sicht zielt von der Idee her auf eine realistische Menschendarstellung.
In der modernen Nachzeichnung des Doryphoros (Ludwig Stocker) wird der griechisch-klassische Kanon mit seinen Meßpunkten gezeigt. Diese Punkte waren für den griechischen Bildhauer zu Polyklets Zeit in der Phase des Entwurfs wichtig; sie ergaben sich aus der Skelettstruktur mit ihren markanten Teilen und dem Erscheinungsbild der menschlichen Gestalt. Sichtbares und Unsichtbares wirken ineinander.
Die einzelnen Ziffern bezeichnen die Markierungspunkte der Skelettstruktur und der Meßpunkte. Der wichtigste Punkt für das Konzept des Kontrapostes ist die Position Nr. 6: Der Rollhügel. Er markiert die breiteste Stelle des Knochengerüstes in der Körpermitte. Die Ziffern bedeuten:

1 Schultergelenk (Halsgrube über dem Brustbein)
2 Schultergelenkbreite
3 Ellenbogen
4 Unterer Brustkorbrand auf Höhe der Taille
5 Darmbeinkamm
6 Rollhügel
7 Schambein
8 Ellenbeinknöchel
9 Handwurzel
10 Fingeransatz
11 Kniefuge
12 Wadenbeinknöchel
13 Schienbeinknöchel
(nach Berger u. a., 1992)

Die Skizze nach Leonardo da Vinci (58.3) zeigt das Skelett eines Menschen in Rücken- und Vorderansicht. Es wird deutlich, wie in der Renaissance das

Studium des Menschen zu einer Disziplin der Wissenschaft geworden ist.

„Um die Glieder in all den Haltungen und Stellungen ... richtig zu zeichnen, muß der Maler die Anatomie der Sehnen, Knochen, Muskeln und Muskelbündel kennen, damit er bei verschiedenen Bewegungen und Leistungen weiß, welche Sehne oder welcher Muskel eine solche Bewegung veranlaßt, und damit er nur diese deutlich und verdickt zeigt, nicht etwa die andern allesamt, wie viele es tun; denn diese machen dabei, um als großer Zeichner zu erscheinen, die nackten Körper hölzern und ohne Anmut, so daß dieselben mehr wie ein Sack voll Nüsse als wie eine menschliche Erscheinung anzusehen sind oder eher wie ein Bündel Rettiche als wie muskulöse Körper."
(da Vinci nach Berger, 1992)

Die Abbildungen der Seite 59 zeigen genormte Maße des Menschen, die als DIN-Normen zu Vorgaben für die Industrie werden. Ob Möbel, Bekleidung oder Fahrzeugbau, es liegt ein vereinheitlichtes Menschenmaß zugrunde, das die Produktion von Massenware ermöglicht. Durchschnittsgrößen sind gefragt, weil nur mit ihnen die Funktionalität und die Ergonomie von Gebrauchsgegenständen planbar ist. Das Durchschnittsmaß des Durchschnittsmenschen gibt nun das Maß der Gegenstände und Gebrauchswerkzeuge ab. Unterschiedliche Intentionen werden damit verbunden: Sicherheit, Gesundheit, Produktivität.

Die Maße in cm können jeweils abgelesen werden. Für die Arbeit im Stehen wird die ideale Tischhöhe mit Neigung dargestellt, bei der Arbeit im Sitzen ist es die ideale Stuhlhöhe, die Tischhöhe und dessen Winkel. Idealmaße für den Arbeitsplatz am Computer (59.3) und die entsprechenden Sehfelder sind so festgelegt:

1: 50–55 Grad Grenze des oberen Sehfeldes
2: 45 Grad untere Grenze für blendende Lichtquellen
3: 30 Grad obere Grenze des Farbunterscheidungsvermögens
4: 15 Grad normale Sehlinie im Sitzen
5: 20 Grad normaler Bewegungsbereich des Auges
6: 40 Grad untere Grenze des Farbunterscheidungsvermögen
7: 70–80 Grad Grenze des unteren Sehfeldes
(nach Berger, 1992)

Die Abbildungen 59.4 und 59.5 verdeutlichen, welches Image mit den Proportionen eines Fotomodells oder eines Bodybuilders verbunden ist. Mit dem Schlankheitsideal des Fotomodells (Model/Dressman), das hier die Bademoden des Jahres 1990 vorführt, werden Gesundheit, Frische, Aktivität und Erfolg verbunden. Die Idealmaße für Models und Dressmen, die Mode vorführen oder Werbung vortragen, betragen:

weiblich	Größe	175 cm
	Oberweite	90 cm
	Taille	60 cm
	Hüfte	90 cm
männlich	Größe	185 cm
	Oberweite	100 cm
	Taille	75 cm
	Hüfte	100 cm

(nach: Berger, 1992)

Dem Bodybuilder-Ideal liegt heute wie schon in der Antike ein Idealbild zugrunde, das zwischen dem schmalwüchsigen und dem untersetzten Typus liegt, dessen Muskelpartien sich offensichtlich gut trainieren und zu Muskelwachstum anregen lassen. Mit einem derart ausgebildeten Körper ist die Vorstellung von Stärke und Überlegenheit verbunden.

Weiterführende Anregungen zur Unterrichtsgestaltung

Die aktuellen Idealmaße, wie sie in den Massenmedien verbreitet und Schönheitswettbewerben zugrunde gelegt werden, können gesammelt und das damit vermittelte Image analysiert werden. Schattenrisse lassen sich dazu in Originalgröße herstellen und zu einer Galerie der TOP-Models und TOP-Dressmen zusammenstellen. Aus den individuellen Größenmaßen einer Klasse können die Durchschnittsmaße der Klasse 7 ... abgleitet und zu einer Durchschnittsschülerin oder einem Durchschnittsschüler verallgemeinert werden (Schattenriß). Die Wirkung von Proportionsverhältnissen lassen sich an Motiven erfahren, die vom Gegensatz des Alters, einer Berufszugehörigkeit, einer sozialen Gruppe etc. geprägt sind. Dabei ist es wichtig, daß bei etwa gleicher Körperlänge allein durch die Veränderung der Proportionen die je unterschiedliche

motivische Zuordnung deutlich wird. Einige Motive: „Sterbliche im Kampf gegen Giganten", „Schwergewichtssportler im Gespräch mit Schnelläufer", „Kinder und Erwachsene sind gleich groß", „Ein Angeber ärgert mich" etc.
Proportionsveränderungen können aus dem Jedermanntyp eine Idolfigur machen. In einer Metamorphosenreihe (vgl. Computer, S. 135) werden die plastischen Stadien einer solchen Veränderung deutlich. Vorstellbar ist auch eine Übertragung des mit Computerhilfe erzeugten virtuellen Bildes in die Dreidimensionalität der Plastik.
Oder: Durch die besondere Betonung der Unterschiede in den Proportionen wird eine Kampfszene für den Betrachter bereits in ihrem Ausgang kalkulierbar. Notwendigerweise muß gerade bei Szenen, in denen Aggression und Gewalt artikuliert werden, auch die inhaltliche Seite solcher Konfliktlösungsstrategien angesprochen und bewußt gemacht werden, auch das ist ein interdisziplinärer Ansatz.

Literatur:

Berger, E./Müller-Huber, B./Thommen, L.: Der Entwurf des Künstlers, Ausstellungskatalog Basel 1992
Schuster, M.: Wodurch Bilder wirken, Köln 1992

Das Geheimnis des Polyklet

(Seite 60/61)

Über die antike Bildhauerwerkstatt weiß man, daß Maßstab, Meßschnur, Greifzirkel und Winkelmaß für den Entwurf einer Plastik zur Verfügung standen (vgl. LH, Bild 13). Für Notizen benutzte man Wachstäfelchen, denn Papier war kostbar: Ein Blatt entsprach dem Tageslohn eines Werkstattleiters. Deswegen wird angenommen, daß für den Entwurf der Proportionen nur einfache, im Kopf zu leistende Rechenabläufe verwendet wurden (vgl. aliquote Teilwerte der Körperhöhe). Die Großbronzen, wie sie Polyklet herstellte, wurden in der Technik des Wachsausschmelzverfahrens mit verlorener Form hohl gegossen (vgl. LH, S. 42).
Polyklets „Kanon" enthielt vermutlich auch Passagen über die Kunst des Bronzegusses. Es wird angenommen, daß er seine Güsse über Hilfsnegative hergestellt hat. Diese verfeinerte Gußtechnik bot die Möglichkeit der Wiederholung bei Fehlgüssen, und es konnten auch mehrere Abgüsse gemacht werden. Wahrscheinlich sah der Ablauf vom Modell zur Bronze in der Werkstatt des Polyklet so ähnlich aus, wie er auf einer rotfigurigen Trinkschale mit Szenen

Bild 13: Bildhauerwerkzeuge auf dem Grabmonument des Lucius Alfius, Aquileia

aus einer Bronzegußwerkstatt gezeigt wird. Die Schale entstand um 480 v. Chr. und befindet sich heute im Antikenmuseum in Berlin. Die Abbildung zeigt einen Ausschnitt der Kaltarbeit an einer Bronzestatue, deren Kopf noch am Boden liegt. (LH, Bild 14).

Zuerst wurde über einem Tonkern, der innen von einem Gerüst (Metall, Holz, Röhricht) gestützt wird, eine Figur aus Wachs in ca. 5–10 mm Stärke modelliert. Von ihr wurden durch Abgießen mit Tonschlicker oder mit Gipsbrei Negativformen hergestellt, die mit Wachs ausgeschwemmt oder ausgelegt wurden. Ein hohles Wachszwischenoriginal konnte abgenommen, montiert und mit Einfülltrichter, Gußkanälen und „Kernhalterungen" versehen werden. Darüber hinaus wurde der Gußmantel aus Ton gelegt, das Innere mit einem Ton-Sandgemisch ausgefüllt, das die Kernhalterung fixiert. Für Großbronzen wurden die Modelle, wie die Szene auf der Trinkschale zeigt, in der Regel in Einzelteile zerlegt und nach dem Gießen zusammengefügt und überarbeitet.

Anmerkungen zu den Aufgaben S. 61

1 Bis zur allgemeinen Einführung des Meters in der französischen Revolution waren die anthropomorphen Maße maßgebend. Sie waren oft für eine bestimmte Region festgelegt und variierten von Gebiet zu Gebiet. Um 1800 gab es z. B. im Großherzogtum Baden 112 verschiedene Ellen. Anders als beim Meter mit seinem künstlichen dezimalen Teilungssystem waren die Meßpunkte antiker Maßeinheiten festgelegt, wenngleich die Maße von Region zu Region auch unterschiedlich waren.

Maßeinheit:
- Daktylos (Fingerbreite)
- Handbreite
- Handlänge
- Spanne (gespreizte Hand zwischen kleinem Finger und Daumen)
- Fuß (Länge des Fußes)
- Elle (Zwischen Ellbogen und Mittelfingerspitze)
- Klafter (Abstand zwischen Mittelfingerspitzen der waagerecht ausgespannten Arme).

2 Wer die Haltung des Doryphoros nachstellt, wird erleben, daß sie anspannend und entspannend zugleich ist.

Literatur:

Beck, H./Bol, P. C./Bückling, M.: Polyklet – Der Bildhauer der griechischen Klassik, Frankfurt a. M. 1990

Bild 14: Schale des „Erzgießerei-Malers", um 490 v. Chr; aus Vulci, Italien

Listige Gefährten des Menschen Maschinen überall

(S. 62/63 und 64/65)

Mechanike techne wird als *„die Kunst, Maschinen gemäß der Wirkung von Naturkräften zu erfinden und zusammenzubauen“* übersetzt. Maschinen wiederum werden als Arbeitsgeräte mit beweglichen Teilen definiert. Auf diesen Doppelseiten geht es nicht um Arbeitsgeräte im engeren Sinne; vielmehr sollen hier Geräte zur Betrachtung und Untersuchung anregen, die schon immer Menschen fasziniert haben, weil sich ihr Geheimnis nicht auf den ersten Blick enthüllt. Dieser Reiz regt bis heute im Unterhaltungs- und Freizeitbereich die Neugierde an und erzeugt Spannung.

Gemeinsam ist den vorgestellten Maschinen, daß ihr Mechanismus sich unsichtbar im Innern befindet und die äußerlich sichtbaren Bewegungsabläufe für den Betrachter oder Benutzer unerklärlich, eben wunderbar bleiben. Wenn heute Insektenroboter, sog. Animats, gebaut werden, um künstliche Intelligenz zu untersuchen, dann zeigt sich in diesem Forschungsbereich, in dem Biologien, Informatiker und Verhaltensforscher zusammenarbeiten, daß der Traum von einer intelligenten Maschine noch immer Antrieb für die Forschung ist.

Heron von Alexandrien war Direktor einer Schule für Mechaniker und Feldmesser in Alexandrien. In seinen zahlreichen Werken stellte er die Erfindungen der hellenistischen Technik dar. Durch seine Schriften wissen wir Näheres über berühmte Mathematiker und Ingenieure seiner Zeit, wie Ktesibios und Archimedes von Syrakus (287 v. Chr. –212 v. Chr.). Die Bewegungsmaschinen des Archimedes waren berühmt: Schwerpunkt, Hebel, Flaschenzug, Schrauben und schiefe Ebene waren die von ihm entdeckten Mittel.

Herons sich „automatisch“ öffnende Tempeltüren werden durch das Anzünden und Erlöschen von Opferfeuern ausgelöst (62.1). Durch die Wärme des Feuers dehnt sich die Luft im darunterliegenden Wasserbehälter aus und drückt das Wasser in ein Gefäß, dessen Gewicht zunimmt. Die Schwerkraft zieht es nach unten. Das über die Laufrolle geführte Seil, an dem das Gefäß hängt, ist an den beiden Wellen befestigt, die vermutlich starr mit den Türangeln verbunden sind. Aus der Zugbewegung wird eine Drehbewegung. Ein Gegengewicht sorgt dafür, daß nach dem Erlöschen der Flammen, bei sinkendem Luftdruck und zurückfließendem Wasser, der Behälter wieder in seine Ausgangslage hochgezogen wird. Auch das Gewicht ist über Seilzüge mit den Wellen verbunden, so daß eine gegenläufige Drehbewegung einsetzt und die Türen sich schließen.

Es ist ein ausgeklügeltes System, das Wärmeenergie in Strömungsenergie, in Fallenergie und zuletzt in Drehenergie umwandelt: Energieumwandlung ist das Prinzip dieser frühen Wunder- und Spielautomaten.

Herons Automatentheater – mechanisch angetriebene Puppentheater – waren in der Antike ebenfalls berühmt. Ein Mechanismus von Gewichten und Gegengewichten, von Hebeln und Zugwinden bewegte die Figuren.

Die Konstruktionszeichnung (62.2) stellt einen Ausschnitt aus einem Bewegungsablauf dar, den der Arm eines Handwerkers in der Darstellung der Naupliussage ausführt. Heron selbst hat die Szene beschrieben:

„Bei der Ouvertüre standen zwölf Figuren, die drei Gruppen bildeten, auf der Bühne. Sie stellten Griechen dar, die sich mit dem Bau eines Schiffes befaßten. Die einen sägten, die anderen hackten Holz. Diese spielten mit dem Hammer, die mit dem Schiffsbohrer und dem Meißel. Wie echte Arbeiter machten sie dabei einen großen Lärm.“

(Heron nach Landels, 1989)

Im Bildausschnitt wird die Funktion des Mitnehmers und die dadurch ausgelöste Senk- und Hebebewegung des Hammers dargestellt. Zugbewegung, Drehbewegung, Fallbewegung wirken zusammen, wenn der Arm hämmern soll: Ein Seilzug dreht die Welle, auf der die Scheibe mit ihren Mitnehmern starr befestigt ist; durch diese Drehbewegung wird der exzentrisch gelagerte Hebel nach unten gedrückt und, sobald der Mitnehmerstift weitergewandert ist, durch die Zugkraft des Gewichtes an seinem anderen Ende wieder emporgehoben.

Exzentrische Lagerung und Abstand der Mitnehmerstifte bestimmen Ausschlag und Geschwindigkeit der Hammerbewegung. Diese mechanischen Puppentheater waren Unterhaltungsautomaten, deren Mechanik nicht für die Übertragunng in einem größeren Maßstab geeignet war. Für orginalgroße Automaten wäre die Kraftquelle der Modelle zu schwach gewesen.

Im wunderbaren Altar (63.2) gießen bei brennendem Altarfeuer die Statuetten Wein und Milch aus und die Schlangen zischen. Die Konstruktionszeichnung auf der Schauseite der Nachbildung zeigt, daß dieser Mechanismus pneumatisch funktionierte.

Die Faszination der Automaten reicht bis in die heutige Zeit. In den Lustgärten der Renaissance gab es Bäume mit künstlichen zwitschernden Vögeln und musizierende Musikanten. In diesen Gärten war Wasser ein beherrschendes Element, auch für die Antriebe der Automaten.

Im 18. Jahrhundert entstand der Automatentyp des Androiden. Es waren „Automaten in Menschengestalt", die mit Hilfe eines ausgeklügelten mechanischen Systems die unterschiedlichsten Tätigkeiten nachahmen konnten.

Die Faszination, die von den Androiden ausging, hatte wiederum mit dem alten Traum vom bewegten Gegenstand zu tun. Über einen der berühmten französischen Automatenmacher des 18. Jh. schreibt Voltaire:

„Le hardi Vaucanson, rival de Prométhée, Semblait, de la nature imitant le ressorts, Prendre le feu des cieux pour animer les coprs."

(Der wagemutige Vaucanson, Prometheus' Rivale, schien himmlisches Feuer zu benutzen, um Leben in unbelebter Materie zu entfachen, so die Natur nachahmend."

(Bailly, 1988)

Vaucanson war berühmt geworden, weil sich seine Automaten nicht nur äußerlich bewegten, sondern weil sich sogar Vorgänge im Innern der „Lebewesen" abspielten, so das Atmen eines Flötenspielers oder der Verdauungsvorgang bei einer Ente. Sein Ziel war es, eine mechanische menschliche Figur mit Blutkreislauf zu schaffen.

Solche Kunstfiguren waren und sind Attraktionen aller Jahrmärkte und Vergnügungsparks. Im 19. Jahrhundert entwickelte sich in Paris im Stadtviertel Marais ein Gewerbezweig, der automatisches Spielzeug herstellte und in viele Länder exportierte. Es waren kleine Gesamtkunstwerke, in denen Mechanik, Musik, Malerei, Skulptur und Kostümbildnerei zusammenwirkten. 1863 hatte die Firma Bontems, seit 1854 in der Rue de Cléry Nr. 80, den Enten-Automaten von Vaucanson erworben.

Spezialität der Firma waren jedoch die mechanischen Singvögel. Der Mechanismus eines solchen singenden Vogels ist in 63.1 dargestellt.

Hauptbestandteil dieses Mechanismus war ein Motor mit Federantrieb, dazu kamen die Übertragungsteile: Gestänge mit Zug- oder Schubstangen, Zahnräder und die Antriebsteile für die Vögel wie Exzenterscheiben, Nocken, Stößel, Spannfedern, Gegengewichte usw., dazu das Musikwerk.

Dies war ein Blasebalgsystem. Eine Art Pfeife erzeugte die Töne: Die Tonhöhe wurde durch einen Kolben verändert, dessen Bewegungen durch Nocken gesteuert wurden, ebenso wie der Luftdruck, der die Höhe der Töne bestimmte. Die Natürlichkeit der Vögel wurde durch die Verwendung natürlicher Federn etc. unterstützt.

Über Blaise Bontems, den Firmengründer, der 1814 in Ostfrankreich geboren wurde, gibt es eine Anekdote, die seine ersten Versuche mit der Kunst des Vogelpräparierens schildert:

„Als bescheidener Uhrmacherlehrling in einem Vogesendorf mußte Bontems einmal eine Schnupftabakdose reparieren. Diese enthielt einen Vogel, der ein Lied von Grétry: „Vive le son", zwitscherte. Die Präzision dieses winzigen Mechanismus faszinierte ihn, und er bedauerte nur, daß der Vogel nicht sein natürliches Lied sang, so wie es seine lebendigen Artgenossen taten. So beschloß er, den Mechanismus entsprechend umzuwandeln. An einem Sonntag ging er nach der Vesper in den Wald. Dort blieb er bis zum Einbruch der Nacht, hörte den Nachtigallen zu und notierte jede ihrer Phrasierungen und Triller. Daheim arbeitete er die ganze Nacht an der Veränderung des Musikmechanismus der Schnupftabakdose. Sein Lehrherr glaubte am nächsten Morgen, eine echte Nachtigall in der Werkstatt zu hören. Dieser singende Vogel, der erste seiner Art, war so erfolgreich, daß der junge Blaise neue herstellen mußte, die er recht teuer verkaufte: Er machte sich bald selbständig und ließ sich 1849 im Zwischenstock eines Gebäudes in der rue Cléry nieder."

(Bailly, 1988)

Weiterführende Anregungen zur Unterrichtsgestaltung

Die Möglichkeiten der Kinematik zu entdecken wird ein Anliegen in dieser Altersstufe sein. Dabei geht es darum, die gleichförmige, kontinuierliche Bewegung, die von einem Antrieb erzeugt wird, in eine ungleichförmige, wechselhafte, gesteuerte Bewegung umzusetzen. Die konstruktiven Mittel dazu sind: Hebel (1), Stangen (2), Exzenterscheiben (3), Exzenterscheiben mit Pleuelstange (4), Pleuelwelle mit Pleuelstange (5), Nocken (6), Federn (7).

Je nach Konzentrationsfähigkeit und Tüftlergeschick können auch die einfacheren Möglichkeiten des Umlenkens von Bewegungsrichtungen erfinderisch angegangen werden.

Zahnräder und Rollen sind hier die Grundelemente. Sie können aus einfach zu bearbeitenden Materialien gefertigt und die Steckverbindungen mit Klebstoff fixiert werden (8-11).

Einfacher sind Erfindungen im Bereich der Veränderung der Drehgeschwindigkeit mit Hilfe von Durchmesserveränderungen (12,13).

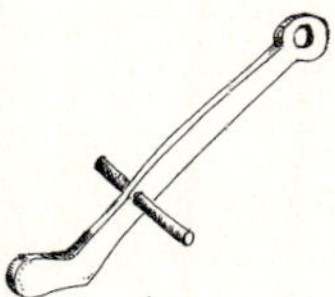

1

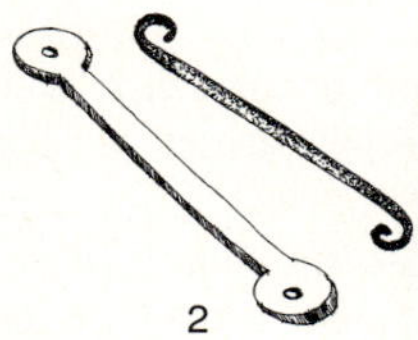

2

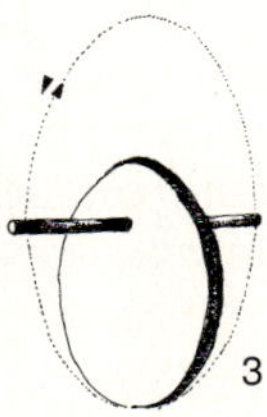

3

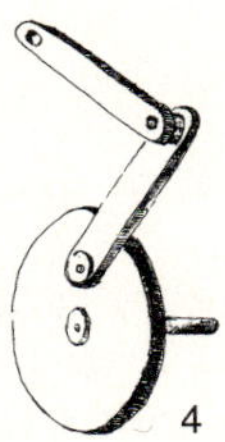

4

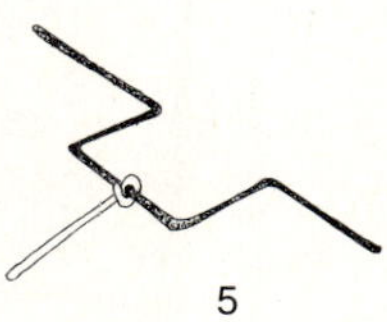

5

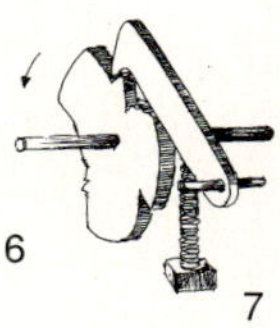

6 7

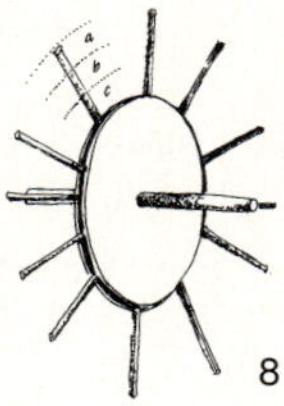

8

8 Außenzähne (Zahnrad)
a-c: zunehmende Stabilität zunehmende Passgenauigkeit

9

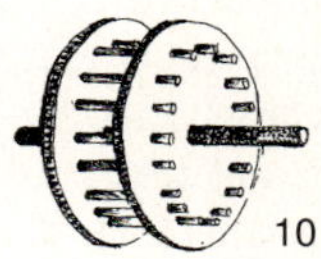

10

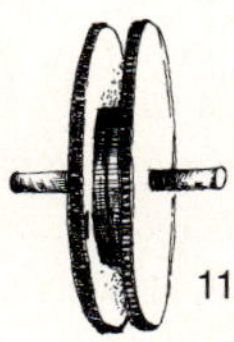

11

9 Innenzähne (Kammrad)

10 Spindelrad

11 Rolle

8-11 Materialien: Pappe, Wellpappe, Zahnstocher, Rundhölzer

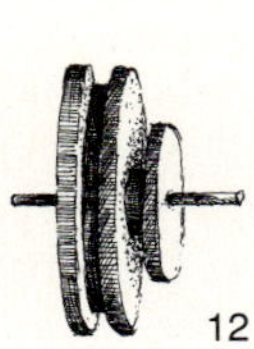

12

a b

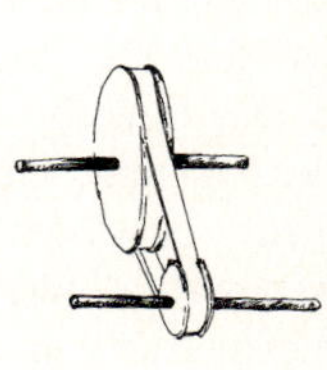

a

b

13

Für das Löten sind auch im Unterricht besondere Schutzmaßnahmen zu beachten, wie sie in den Richtlinien zur Sicherheit für die Schulen und in den Umweltschutzbestimmungen festgelegt sind, da die beim Löten aufsteigenden Dämpfe gesundheitsschädlich sind. Als Materialien bieten sich natürlich auch Holz, Draht, Karton und Wellpappe an, letztere ist ein besonders interessantes Ausgangsmaterial für Tüftler.

Naturkräfte können beobachtet und aus ihnen Konsequenzen für mögliche Antriebe abgeleitet werden: Sonnenlicht und Wärme, Luftbewegung, Wasserbewegung und Strömungskräfte, Fallvorgänge und Schwerkräfte.

In Analogie zu der Kettenreaktion von parallel hintereinander aufgestellten Dominosteinen, von denen der erste umgestoßen wird, lassen sich im Einsatz solcher natürlicher Energien interessante, spannende und unerwartete Kettenreaktionen zusammenstellen.

Skizze einer solchen Kettenreaktion: Ein Eisblock wird im Gleichgewicht gehalten durch ein Stück Metall auf einer Wippvorrichtung. Durch die Zimmertemperatur o. a. schmilzt der Block langsam, das Wasser läuft ab, die Wippe bewegt sich nach unten und drückt auf einen Hebel, der ...

Das schmelzende Eis hat gleichsam Zünderfunktion, die dann ablaufende Kettenreaktion läßt sich nur dann wiederholen, wenn ein neuer Eiswürfel aufgelegt wird.

Eine einmalige automatische Wiederholung wäre so denkbar:

Aus einem Sandsack rieselt Sand in das Fach eines Schaufelrades, das sich dadurch solange bewegt, und Antrieb für weitere Bewegungsabläufe ist, bis der Sandsack leer ist. Der durchgelaufene Sand ist unterhalb des Schaufelrades über eine Rinne in eine Schale gerutscht, die an einem Seil aufgehängt über eine Seilrolle läuft, an deren anderem Ende ein Gewicht hängt, das schwerer als der gesamte Sand ist. Das Gewicht wird oben gehalten durch eine oder mehrere Schnüre, die in der Mitte von je einem Eiswürfel zusammengehalten werden. Irgendwann werden auch diese Eiswürfel geschmolzen sein und damit die Schnüre sich voneinander lösen. Das Gewicht, das nur geringfügig schwerer als das Sandgewicht ist, wird dieses nach oben zum Trichter mit dem Sandsack ziehen und durch eine entsprechende Vorrichtung den Sand dort auskippen, das Schaufelrad beginnt noch einmal zu laufen.

Solche Erfindungsstrukturen bieten sich für Gruppenarbeit an und eigenen sich zu einem fächerverbindlichen Unterricht mit dem Fach Physik.

In Konstruktionszeichnungen können die Abläufe geplant, in Skizzen dargestellt und zu abenteuerlichen fiktiven Maschinen konstruiert werden. Kriterium wird der Überraschungseffekt der verschiedenen Funktionen sein.

Landschaftszenarien können mit verschiedenen plastischen und vorgefertigten Materialien plastiziert und reliefiert, bemalt und mit starren und mechanisch zu bewegenden Tieren und Figuren besetzt werden. Der Antriebsmechanismus, z. B. über eine einfache Kurbelwelle zu bedienen, befindet sich in einem Kasten, dessen Deckel die Landschaftsoberfläche ist. Auch Solarantriebe sind hier möglich.

„Wir haben in den letzten Jahrzehnten so gründlich unsere eigene Geschichte vergessen, daß es uns unglaubhaft erscheint, daß auch bei uns die Älteren noch mit Göpel und Treträdern zu tun hatten. Die Muskelkraftmaschinen sind ein unübersehbarer Teil unserer Geschichte. Sie prägten über tausend Jahre die Wirtschaft und verloren erst mit der Dampfmaschine und dem Elektromotor ihre zentrale Bedeutung."
(König, 1987)

Literatur:

Bailly, Chr.: Automaten: Das goldene Zeitalter, München 1988

Döbler, H.: Vom Ackerbau zum Zahnrad. 7000 Jahre technische Kultur, Reinbek 1969

König, Felix: Die Erben des Prometheus. Geschichte der Muskelkraftmaschinen, Frankfurt a. M. 1987

Landels, J. G.: Die Technik der antiken Welt, München 1984

von Randow, G./Mahn, M.: Die Logik der Krabbeltiere. In: ZEIT-Magazin, Computer spezial, Nr. 11, 1994

Checkliste für Experten I und II

(Seite 66–69)

Die Checkliste führt wieder in den Bereich der Kunst zurück. Es werden Begriffe erläutert und die Fachsprache geübt. Die folgenden Bilddaten sind neben den Begriffsklärungen Grundlagen zur Lösung der Fragen.

A Aus welchem Material ist die Plastik?

„Bärtiger Prophet“ Kalkstein, aus dem Kreuzgang von Notre-Dame-de-Vaux in Chalon-sur-Marne, Champagne 1170/80	Beschnitzter Eckständer von einem Fachwerkhaus in Colmar, Elsaß. Eiche, 16. Jahrhundert	„Lachender Chinese“ Porzellan, Meißen, 18. Jahrhundert	Constantin Brancusi (1876-1957) „Die blonde Negerin“, 1933 polierte Bronze, Höhe 40,3 cm Paris, Sammlung. Istrati-Dumitrosco	Heinz Kleine-Klopries (geb. 1949) „Daphne“, 1984 Pappe, Holz, Gips, Styropor, bemalt Höhe 194 cm Lehmbruck-Museum, Duisburg

B Welche Technik hat der Künstler angewandt?

Fritz Wotruba (1907-1975) „Große Skulptur“, 1972 Marmor, Höhe 218 cm Ausstellung Merian Park, Basel 1984	Horst Antes (geb. 1936) „Der Kopf“ oder: „Die Lust an Adam“, 1967 Stahl, Höhe 210 cm Ausstellung Riehen/Basel 1980

C Welcher Stufe des Werkprozesses ist die Arbeit zuzuordnen?

Leonardo da Vinci (1452-1519) „Studie zum Reiterdenkmal des Trivulzio“, um 1508 Sammlung Schloß Windsor	Adolf Hildebrand (1847-1921) „Die Freunde“, um 1909 Wachsskizze Höhe 35 cm Kunsthalle Hamburg	Michelangelo (1475-1564) „Modell eines Flußgottes“ für die Fußbodenzone der Medici-Kapelle, Florenz vermutl. zwischen 1523 und 1527 Modellstucco, Ton, Werg, Holz Florenz, Akademie

D Welche Größe im Verhältnis zum Betrachter hat die Plastik?

Helmuth Kern (geb. 1944) „Fragment“, 1986 Assemblage aus Ziegelstein und Ton Höhe 10,5 cm	„Kämpfende Ungeheuer“ Park des Fürsten Orsini, Bomarzo/Italien 1. Hälfte 16. Jahrhundert Stein, Höhe etwa 250 cm	Lew Kerbel „Denkmal für Karl Marx“, 1971 Höhe 1240 cm Höhe des Kopfes 720 cm Chemnitz

E Welche Aufgabe hat die Plastik?

Niki de Saint-Phalle (geb. 1930) „Überschwengliches Wohlsein", o. J. Eisen, Glasfaser Höhe 300 cm Ausstellung Riehen/Basel 1980 Funktion: Profanplastik	„Die goldene Pforte" Dom zu Freiberg/Sachsen, um 1170/80 Sandstein Funktion: Sakralplastik	

F An welchem Ort befindet sich die Plastik?

Auguste Rodin (1840-1917) „Das eherne Zeitalter", 1876-80 Bronze Höhe 182 cm Middelheim/Antwerpen	„Der Braunschweiger Löwe" (Kopie), 1166 Bronze Burgplatz Braunschweig	Karyatiden Schloß Sanssouci/Potsdam, Südseite, 1744-1747 Stein

Vom Fundstück zur plastischen Gestalt

(Seite 70)

Wenn die letzte Seite des Kapitels Plastik mit der Lösung des Schattenbildes beginnt, also den großen Bogen zurück zum Anfangskapitel spannt, dann soll für Schüler und Lehrer deutlich werden, daß bei aller kognitiven Ernsthaftigkeit die Neugierde und die Freude, der Spaß beim plastischen Gestalten nicht verloren gehen sollte – sind sie doch Triebfeder für eigenständige, erfinderische und schöpferische Tätigkeit.

Anmerkungen zu den Aufgaben S. 70

1 Ein Stein wird zu einem Zeichen, wenn er nicht weiter verändert wird, sondern nur in eine bestimmte markante, nicht zufällig wirkende Position an einem bestimmten Ort gebracht wird.
Er wird zum Bildwerk, wenn er durch plastische und/oder farbige/grafische Spuren gedeutet wird. Und schließlich wird er zur Figur, wenn seine plastischen Qualitäten im Hinblick auf eine solche weiterbearbeitet und ausgedeutet werden. Auch können grafische, malerische und plastische Mittel eingesetzt werden.

2 Eine neue Bedeutung bekommen die Fundstücke durch elementare Eingriffe, die nun über die Erfahrungen der Montage (vgl. Bd. 1, S. 66) hinausgehen sollen durch:

- Positionieren (Aufrichten, Ausrichten, Legen)
- Proportionieren (Kontextvariationen: Umgebung; Hintergrund: gezeichnet, gemalt, Diaprojektion, fotografiert, Videoaufnahme)
- Zufügen (plastisch-modellierfähige Materialien, Tonschlicker mit Kleister als Bindemittel, Gips mit Leim als Bindemittel, Wachs; Papierkaschiertechnik, Bemalen...)
- Einritzen
- Präsentieren (z. B. Aufsockeln)
- Installieren (Zuordnen zu größerer Einheit mit Bezug auf Umraum, Umgebung)

1. Didaktisch-methodische Erläuterungen

Architektur hat sich in Abhängigkeit von vielen unterschiedlichen Faktoren entwickelt. Dazu zählen die klimatisch-geographischen Verhältnisse ebenso wie die unterschiedlichen Gesellschaftsformen, die Produktionsweisen und Materialien und die Einflüsse ästhetischer Normen. Je anspruchsvoller die Erwartungen an die Architektur waren, um so komplizierter und differenzierter wurde sie. Allein dieser Gedanke läßt bereits erkennen, wie vielfältig die Inhalte sind. Unterricht über Architektur sollte demnach offen angegangen werden.

„Weil in der aufmerksamen Beschäftigung mit Architektur, mit Städtebau, mit Häusern insbesondere das Ineinandergreifen unterschiedlicher Problemstränge und die Notwendigkeit verschiedenartiger Aspekte der Betrachtung, Analyse, Rekonstruktion und Erörterung erfahren werden können. Das heißt auch: Die Auseinandersetzung mit Architektur ist ein Übungsgelände für die Kooperation, die Integration der Fächer. Damit wird an ‚Häusern' etwas für den gesamten ästhetischen Lernbereich Konstitutives bearbeitet."
(Eucker, 1984)

Um die Komplexität von Architektur für Schüler erfahrbar und vor allem auch nachvollziehbar zu machen, zeigt bereits das Kapitel in Grundsteine Kunst 1 wie die Teilaspekte in unterschiedlichen Verknüpfungen schülergemäß angegangen werden können, indem ein direkter Bezug zum Erfahrungs- und Lebensbereich des Schülers hergestellt wird. Das Thema Wohnen und Wohnbauten in verschiedenen Ausprägungen spielen in diesem Zusammenhang eine zentrale Rolle.

Folgende Zielvorstellungen lagen der Gestaltung des Kapitels für die Klassen 7 und 8 zugrunde:

- Architektur als Gestaltung von Körper und Raum zu erfahren
- Den Bereich Architektur als einen Aspekt kennenzulernen, der sich mit der Gestaltung der Umwelt beschäftigt
- Architektur als Teil einer historischen Menschheitsentwicklung zu sehen
- Zu differenziertem Sehen, Analysieren und Interpretieren von Bauwerken hinzuführen
- Die physische Wirkung von Räumen insbesondere ihren Einfluß auf menschliches Empfinden und Verhalten beschreiben zu können
- Gegenwärtige Bauverfahren und technische Möglichkeiten ebenso wie zukunftsweisende architektonische Konzeptionen kennenzulernen und zu bewerten.

Die Fülle der Themen bot die Möglichkeit, sehr unterschiedliche Fragestellungen zum Bereich der Architektur aufzugreifen. Grundsätzlich sind die Themen und Inhalte aber so gewählt, daß den Lehrplänen Rechnung getragen wird und fächerverbindende Ansätze, z. B. zu Geschichte und Geographie aufgezeigt werden.

Die einzelnen Abschnitte sind als Doppelseiten konzipiert, die unabhängig voneinander bearbeitet werden können. Bild und Text bilden eine Einheit. Die Abbildungen sind so ausgewählt, daß sie in der Regel den Erfahrungsbereich der Schüler und Schülerinnen ansprechen und sie in die Lage versetzen können, eigene vergleichbare Beispiele in ihrer Umgebung zu finden.

Texte und Bilder sollen die im Mittelpunkt stehende praktische Aufgabe durch zusätzliche Information, Anregungen und Fragestellungen erweitern und ergänzen. Die Aufgaben sind dabei als offene Aufgabenstellungen zu verstehen, die vom Lehrer modifiziert und auf die besondere Situation der Klasse, bzw. auch der örtlichen Gegebenheiten angepaßt werden sollten.

Gedanken zur Gliederung

Die erste Doppelseite des Kapitels „Architektur" (S. 72/73) versteht sich als Einführung. In einem historischen Überblick werden die Aufgaben des Baumeisters/Architekten vorgestellt. Über diesen Beruf, den es bereits im Mittelalter gab, erfolgt der Einstieg in das Thema Bauen.

„Bauform mit Tradition" (S. 74/75) beschreibt den Bereich von Architektur, der sich auch heute noch mit der elementarsten Grundfunktion des Bauens beschäftigt, dem Schutzbedürfnis des Menschen. Hier beruht die Kenntnis über die Bauweise und das Material auf historischer Überlieferung, wobei die Entwicklung zur Wohnform des Trullo als Teil der besonderen klimatischen und geographischen Situation der Region angesehen werden muß.

Der Einblick in die Arbeit eines Architekten von heute (S. 76–79) bietet die Möglichkeit, anschaulich auf die planerische Gestaltung und den Entstehungsprozeß von Wohnhäusern einzugehen. Mit Herrn Holfelder wurde ein Architekt gewählt, der im Bereich des Wohnbaus die verschiedenartigsten Alternativen aufzeigt. Seine Idee des „Wohndorfs" geht auf individuelle Wohnbedürfnisse ein und bietet zugleich die Möglichkeit gemeinschaftlichen Wohnens.
„Der Architekt und seine Möglichkeiten" (S. 80/81) versteht sich als Bindeglied zum folgenden Bereich des Kapitels, der einen historischen Abriß unterschiedlicher Bauprobleme liefert. Die Bauelemente werden zunächst in ihrer Abhängigkeit von Funktion und ästhetischer Wirkung eingeführt. Die folgenden Doppelseiten (S. 82–91) greifen einzelne Aspekte heraus und beleuchten diese unter verschiedenen Gesichtspunkten: – Woher kommt die Idee des Pyramidenbaus – welche Faszination übt sie auch heute noch aus? – Welche vielfältigen Funktionen übernimmt die Säule?...
Das Doppelseitenprinzip bietet hier die Möglichkeit des Kontrastierens, des Vergleichens, des Gegenüberstellens – ein ‚Hier' mit einem ‚Dort' – ein ‚Damals' mit einem ‚Heute' zu kombinieren, mit dem besonderen Anliegen, den Blick für die Zusammenhänge von Architektur zu fördern.
Mit der Schlußseite wurde ein Beispiel für alternative Wohnformen gewählt, das aufgrund seiner Einmaligkeit dem Interesse der Schüler und Svhülerinnen entgegenkommt. In einer Art Zusammenschau werden verschiedene Aspekte des Wohnens, wie zum Beispiel die physische Wirkung der Form und des Materials auf den Menschen – ökologische Gesichtspunkte des Wohnens – Gestaltung von (Wohn-)raum als Antithese zu den herkömmlichen Wohnformen vorgestellt.

Literatur:

Eucker, Johannes, in K+U, Heft 84 „Häuser", Velber 1984; S. 7
Grütter, J. K.: Ästhetik der Architektur. Grundlagen der Architekturwahrnehmung, Stuttgart 1987

2. Kommentar zu den Doppelseiten

Wohnhaus der Familie Weller

(S. 71)

Das Auftaktbild zum Thema Architektur ist das eher ungewöhnliche Wohnhaus der Familie Weller in Biberach/Riß. Die Aufnahme ist inzwischen älteren Datums. Durch bauliche Veränderungen, die aber für unsere Betrachtung nicht von Bedeutung sind, sowie durch die hinzugekommene Bepflanzung zeigt sich das Haus heute mit einer etwas veränderten Außenansicht.
Sinnvollerweise ließe sich mit dieser Abbildung in das Thema Wohnen und Bauen einsteigen. Für die Schüler interessant ist vor allem die Überlegung, wie die Nachbarn wohl auf das Entstehen eines doch recht eigenwilligen Einfamilienhauses reagiert haben mögen, zumal alle anderen Häuser im direkten Umfeld der allgemein üblichen „Norm" im Wohnbau entsprechen.
Die Fragestellung sollte zunächst bewußt spekulativ gehalten werden, andererseits eröffnet sie eine ganze Reihe problembezogener Inhalte:

- Wie wohne ich selbst?
- Welche alternative Wohnidee wurde hier verwirklicht?
- Welchen Einfluß übt die äußere und innere Form auf das Leben der Menschen aus?

Darüber hinaus bietet sich eine ganze Reihe unterschiedlicher Fragestellungen an:

- Wie reagierten die Anlieger?
- Welche Reaktionen kamen von außen?
- Wie mag ein Leserbrief ausgesehen haben, der sich mit dem Wohnhaus beschäftigt?
- Welche Absichten hatten die Bauherren mit dem Bau ihres Hauses?
- War das Haus als Provokation gedacht?
- Diente das Haus der Befriedigung individueller Wohnbedürfnisse? Welche mögen dies gewesen sein?
- Wie wohne ich selbst und würde ich in diesem Haus wohnen wollen?
- Welchen Einfluß hat die Form auf das Leben in dem Haus?

Ein anderer Ansatz wäre, das Haus zunächst auf

sich wirken zu lassen, um danach den spontanen Eindruck zu beschreiben. Eine Verbindung zur Innenraumgestaltung bietet die Seite 92.

Ein Suchspiel, in dem die Schüler und Schülerinnen aufgefordert werden, weitere Beispiele für individuelles Wohnen im Buch zu finden (Trullo, Gaudí), vertieft die Auseinandersetzung mit dem Themenkreis. Hier gewinnen sie einen ersten Überblick über die verschiedenen Formen des Wohnens, ohne daß man dabei zu sehr in die Tiefe gehen muß.

Die Aufgaben eines Architekten

(S. 72/73)

Im Laufe der Zeit wurden sehr unterschiedliche Anforderungen an die Aufgaben eines Architekten gestellt. Als Folge komplexer werdender Gesellschaftsformen wurden auch die Ansprüche an Wohn- und Repräsentationsbauten vielfältiger.

Die Doppelseite 72/73 spannt den Bogen von den Anfängen der Architektur, als es um die Errichtung von Schutzbehausungen ging (vgl. S. 74/75), bis hin zu den vielfältigen Aufgaben, denen sich heute ein Architekt stellen muß. (73.1–73.4.)

Im Text werden dazu zwei zeitgeschichtliche Beispiele aufgegriffen:

Vitruv beschäftigte sich sehr stark mit der Erforschung unterschiedlichster Bauprobleme, die er in seinem zehnbändigen Buch „De Architectura", das etwa 56 v. Chr. erschien, niederschrieb. Erst in späteren Zeiten fand sein Werk Beachtung; besonders unter den Architekturtheoretikern der Renaissance, die vor allem die Lehre von den Proportionen der Säulenordnungen übernahmen.

Das andere Beispiel zeigt die Bauhütten des Mittelalters. Seit etwa dem 11. Jh. gab es an Klöster gebundene Verbände von baukundigen Laienbrüdern (72).

Die Doppelseite ist als Einleitung in das Kapitel Architektur zu verstehen. Aufgrund der historischen Komponente bietet es die Möglichkeit der Zusammenarbeit mit dem Fach **Geschichte**.

Die Abbildungen 73.1–73.4 zeigen sehr unterschiedliche Beispiele der vielfältigen Bauaufgaben unserer Zeit. Sie sind zunächst so gewählt, daß der Erfahrungsbereich der Schüler angesprochen wird: Beispiele für Wohnen, öffentlicher Nahverkehr und Stadt (Platzgestaltung). 73.4 erweitert die Beispielreihe der Bauaufgaben hin zu den Kommunalbauten. Dagegen steht die Abbildung 72: Mönche erbauen die Kirche von Schönau. Neben der Darstellung des Architekten, der mit den Attributen Winkel und Maßstab ausgestattet ist, findet man hier die einzelnen Werkprozesse vom Brechen des Steins in einem Steinbruch, über einzelne Bearbeitungsformen, bis hin zur fertigen Kirche. Darüber hinaus werden verschiedene traditionelle Handwerksberufe gezeigt, die dem Schüler geläufig sein müßten. In einem Unterrichtsgespräch sollte geklärt werden, welche Veränderungen bis heute stattgefunden haben. Folgende Stichworte können dabei hilfreich sein:

- Neue Berufe am Bau
- Neue Materialien am Bau. Eine vergleichende Betrachtung der Abbildungen 80.1, 80.2 und 81.1, 81.2 verdeutlicht, daß unterschiedliche Materialien am Bau nach differenzierten handwerklichen Fertigkeiten verlangen.

Anmerkungen zu den Aufgaben S. 73

1 Das Zitat im Text beschreibt Vitruvs Anforderungen an einen Architekten. Wenn man das Zitat auf heutige Zeiten bezieht, wird sich leicht nachvollziehen lassen, daß die Forderungen zeitlos erscheinen und immer noch relevant sind. Die Forderungen lassen sich sogar noch erweitern: Kenntnisse über Umwelteinflüsse/-schutz und Energieversorgung lassen sich ergänzen.

„Im Hinblick auf die Ausbildung, die Vitruv für den Architekten empfahl, ist dies gar nicht so abwegig: Laut Vitruv mußte er eine gute Allgemeinbildung haben, um sein Aktenmaterial gut zu verwalten; Philosophie diente seiner charakterlichen Bildung und bewahrte ihn vor Habsucht; Recht brauchte er für die Kenntnis der Vorschriften über Beleuchtung, Lärm, Wasserversorgung und Abwasser, aber auch für den Abschluß korrekter Verträge und zur Vermeidung von Differenzen. In der Medizin mußte er Bescheid wissen, um Klimabedingungen und Gesundheitsfragen beurteilen zu können. Optik und Musik halfen ihm bei Beleuchtungs- und akustischen Problemen, Geschichte bei der Beur-

teilung von Entwürfen. Demgegenüber verstand sich die Beherrschung von Zeichnen, Geometrie (Vermessung); Arithmetik (Berechnungen) ganz von selbst. Nur die Astronomie war ein Spezialfach der Uhrmacher. Vitruv nimmt hier den Homo universalis der Renaissance vorweg.“
(Raeburn, 1986)

2 Für diese Aufgabe, wie auch für spätere Aufgaben, die einen Architekten einbeziehen, wäre es förderlich, wenn der Lehrer/die Lehrerin Kontakt zu einem ortsansässigen Architekten aufnehmen würde. Vielleicht befindet sich auch unter den Schülern ein Architektenelternteil, der hilft, Fragen zu klären. Einige Fragestellungen lassen sich auch mit Hilfe von Lexika beantworten.

3 Mögliche Stichworte zum Bereich Wohnen:
- Typen von Wohnhäusern (Villa, Einfamilienhaus, Reihenhaus, ...)
- Typen von Wohnumfeld (Hof, Spiel- bzw. Wohnstraße, Garten, ...)

Mögliche Stichworte aus einem erweiterten Bereich:
- Nutzungsbereiche: Wohnen, Arbeiten, Einkaufen, Verkehr, Freizeit
- städtebauliche Elemente: Straße, Platz, Block, ...

Literatur:
Andritzky, M./Selle, G.: Lernbereich Wohnen 1, Reinbek 1979
K+U, Heft 144 „Kunst im öffentlichen Raum“, Velber 1990
Raeburn, M. (Hrsg.): Baukunst des Abendlandes, Stuttgart 1982, S. 14
Vinçenot, H.: Die Sterne von Compostela (Roman), Freiburg 1993

Für Schüler und Schülerinnen:
Macdonald, F./James, J.: Eine Kathedrale im Mittelalter, Nürnberg 1992
Macaulay, D.: Sie bauten eine Kathedrale, München 1974/1993

Bauform mit Tradition

(S. 74/75)

Vier Faktoren beeinflussen maßgeblich die Trulli, eine typische Wohnform in Apulien: Die klimatisch-geographischen Bedingungen der Region bringt das Baumaterial hervor, den Stein. Dieser wiederum beeinflußt die Konstruktion und damit auch die Form der Bauten.
„Innerhalb des großen langgestreckt-rechteckigen Verbreitungsgebietes der Feldtrulli, das mit den Murge von Barletta bis westlich Brindisi, von Bari bis Altamura reicht, gibt es nun ein wesentlich kleineres Areal, in dem man den Trullo zu einem richtigen Wohnhaus ausgebaut findet. Die aus mehreren aneinandergereihten Trulloräumen bestehenden Häuser heißen in Apulien ‚casella‘. Nur noch die über jedem Wohnraum befindliche pyramidenförmige Kuppel wird ‚trullo‘ genannt. (...) Ihr Verbreitungsgebiet wird ‚Murgia dei Trulli‘ genannt.
Historischer Ausgangspunkt für den Bau von Wohntrulli ist wahrscheinlich die Ackerbürgerstadt Alberobello gewesen. (...)
Der Stein, der bei der Urbarmachung zunächst als höchst lästiges Nebenprodukt mit anfällt, wird damit in raffinierter Weise beim Bau von Trullo, Zisterne, Begrenzungs- und Terrassenmauer nutzbar gemacht. Man könnte auch schon fast von einer ‚Steinkultur‘ sprechen, die sich als Ergebnis der produktiven Auseinandersetzung des Menschen mit dem so kargen Lebensraum der Murge herausgebildet hat. (...)
Sicherlich ist besagte Steinkultur sehr alt. Aus der Tatsache, daß all die genannten Steinbauten ohne Mörtelverbindung aufgeschichtet werden, kann man wohl schließen, daß der Trullo und damit die gesamte Steinkultur in vorrömische Zeit zurückreichen. Wahrscheinlich ist der Trullo das Überbleibsel einer Kultur, die einst im gesamten Mittelmeergebiet verbreitet war.“
(Wirth, 1962)
Aufgrund der Thematik und Aufgabenstellungen bietet sich hier eine Zusammenarbeit mit dem Fach **Geografie** an (Klimazonen Europas).
Abbildung 74.1 und 74.2 vermitteln den Schülern

und Schülerinnen zunächst einen ersten Eindruck von den geographischen Gegebenheiten der Region Apulien.
75.1 zeigt eine Außenansicht einer Trullisiedlung. 75.2 liefert den Auf- bzw. Grundriß einer typischen Trullisiedlung. Umrißlinien markieren im Gundriß die Außen- und Innenmauern. Auffallend ist dabei die Mächtigkeit der Mauer in einzelnen Bereichen aus statischen Gründen (bis zu einem Meter). Türen werden durch Unterbrechungen in der Mauer dargestellt, wobei Fenster durch Nischen im Mauerwerk gekennzeichnet sind. Die gestrichelten, kreisrunden Linien markieren die Kuppeln über den Räumen. Der Haupteingang befindet sich im Plan im Süden (unten) etwa in der Mitte. Dahinter befindet sich im Inneren der zentrale Gemeinschaftsraum, von dem aus die weiteren Räume abgehen.
Das Zitat zu Beginn des Textes auf S. 7 will noch einmal eine Verbindung zum Beginn der Architektur herstellen: die Urfunktion des Bauens, die dazu diente, Wohnraum zu schaffen, wobei von Anbeginn an die Menschen zunächst das Baumaterial verwendeten, das sie in der direkten Umgebung ihrer Häuser fanden.
In einem Unterrichtsgespräch kann dieser Gedanke durch die Überlegung fortgeführt werden, für welche Bauten man besondere Kenntnisse benötigte.

Anmerkungen zu den Aufgaben S. 75

1 Die eigene Erfahrung der Schüler kann hier eingebracht werden (vielleicht haben bereits Schüler mit ihren Eltern Apulien bereist).
Büchereien haben zumeist eine gute Auswahl an geeigneten Führern zu Apulien oder Süditalien.

2 Um die Pläne der Trullisiedlung betrachten zu können, empfiehlt es sich, zunächst auf die zeichnerische Wiedergabe der Räume einzugehen. Im Vergleich mit eventuell vorhandenen Plänen einzelner Schüler der eigenen Wohnung kann eine Betrachtung über die unterschiedlichen Lebensbedingungen geleistet werden.

3 Unter Umständen bietet sich ein Lerngang in ein Naturkunde- oder Heimatmuseum an, damit die Schüler erfahren, wie die Menschen traditionsgebunden in ihrer eigenen Region gelebt haben.

4 Sicherlich hat ein aus Ton nachempfundener Trullo nicht die gleiche Aussagekraft wie ein aus Stein gebauter. Vielleicht bietet sich den Kollegen/-innen die Gelegenheit, ein Trullo zum Beispiel aus Schieferplatten zu bauen. Lernen sollen die Schüler, daß eine Kuppel durch Verjüngung eines Zylinders entsteht. Am besten eignet sich hierfür bei der Tonarbeit die „Wulsttechnik". Zunächst fügen die Schüler die Raumhöhe auf einer Tonplatte aus gleichmäßigen etwas dickeren Wülsten konzentrisch zusammen (Stabilität). Für die Kuppel benötigt man kürzer werdende „Wülste". Fenster und Türen schneiden die Schüler anschließend heraus. Das Problem der Laibung kann durch senkrechte Stützen (Profile) gelöst werden.
Mehrere Trulli können in Art einer Collage zusammengesetzt und nachträglich außen gestaltet werden.

Literatur:

Dethier, J.: Lehmarchitektur. Die Zukunft einer vergessenen Bautradition, München 1982
Faskel, B.: Die Alten bauten besser, Frankfurt/M. 1982
Wirth, E.: „Die Murgia dei Trulli" in: DIE ERDE, Heft 4, 1962, S. 253 und S. 264 f.

Wohnen – allein oder in der Gemeinschaft Ein Wohndorf entsteht

(S. 76/77 und 78/79)

Bei dem Wohndorf von Herrn Holfelder, einem freien Architekten, handelt es sich um zwei individuelle Wohnanlagen von je 8 Einfamilienhäusern, die sich um einen Innenhof (Atrium) gruppieren (77.1). Die „Dörfer" entstanden in Offenau, einer Gemeinde in der Nähe von Heilbronn. Daß individuelles Wohnen in der Gemeinschaft mit anderen Familien nicht teuer ist, zeigt der Preis von 250.000 DM pro Einfamilienhaus (wobei jedoch Eigenleistungen zusätzlich einkalkuliert werden müssen). Jedes Haus besitzt dabei je nach Wunsch der Bauherren Gauben, Balkone, Außentreppen

und Wintergärten und wahrt somit auch nach außen hin den individuellen Charakter. Vor allem die Wohnraumplanung ging auf die besonderen Bedürfnisse ein. Dies wurde möglich durch die spezielle Konstruktionsweise der Gebäude (Skelettbauweise). Ständer aus Leimholz in Fichte verteilen sich im gleichmäßigen Raster von 3 x 3 m auf der Grundfläche und übernehmen tragende Aufgaben. Es können somit beliebig Wände zwischen den Ständern eingefügt werden.
Heimische Hölzer waren im wesentlichen das Material für Stützen, Unterzüge, Deckenschalungen, Treppen und Böden. Die Fassade zeigt eine Boden-Deckelschalung in Fichte, die farbig lasiert wurde. Holzfenster sind ebenfalls in unterschiedlichen Farbtönen deckend gestrichen und verleihen der Fassade ein heiteres Äußeres.
Wie die Abbildungen 76.2–3 veranschaulichen, geht Architekt Holfelder in seiner Gestaltung auf Überlegungen der einzelnen Familien ein, die zuvor ein Funktionsschema erstellt haben, um ihren Wohnraumbedarf festzulegen. Eine Grundrißskizze hilft, die Vorstellungen in einen Plan umzusetzen.
In Absprache mit den Bauherren zeichnet danach Herr Holfelder die Pläne (hier nicht abgebildet – siehe Gesamtplan der Anlage, 77.3).
Gemeinschaftliches Wohnen findet zunächst im Mittelpunkt des Wohndorfs, dem Atrium, statt. Er ist Kommunikationsort, Platz für Feste und Treffpunkt der Gemeinschaft, Spielplatz für die Kinder. (Die Liste könnte mit den Schülern ergänzt, bzw. erweitert werden.)
Die Konstruktion sieht es vor, daß nach Bedarf der Platz mit einem Glasdach verschlossen werden kann. Auf diese Weise wird der Ort wetterunabhängig.
„‚Besonders für die Einzelkinder ist es toll hier‘ sagt Klaus Holfelder ‚unsere siebenjährige Nina hatte mit einem Mal 27 Geschwister. Mal bleibt sie bei den einen zum Mittagessen, mal übernachtet sie bei den anderen. Auch wenn wir abends einmal ausgehen wollen, es ist stets jemand da. Und wenn im Hof beim Spielen mal etwas passiert, ist auch immer gleich ein Erwachsener zur Stelle. Jeder fühlt sich zuständig, denn der Hof ist ein Stück von seinem Lebensbereich.‘ Nach über zwei Jahren ist unter den Bewohnern eine Harmonie entstanden, die Außenstehende verblüfft. Da gibt es Einkaufs- und Fahrgemeinschaften, Kinderbring- und -abholdienste und jede Menge Freizeitaktivitäten. Es gibt sogar etliche Familien, die miteinander in den Urlaub fahren. Alle, die ein Instrument spielen, musizieren regelmäßig im Hof, und die langen Klön- und Weinabende gehören zu den beliebtesten Veranstaltungen.“
(Dieckmann, 1990)
Die Doppelseite 76/77 beschäftigt sich im Wesentlichen mit der besonderen Wohnsituation für die Menschen im Wohndorf. Die Schüler gewinnen Einsicht in die unterschiedlichen Planungsprozesse, die zwischen dem Bauherren und Architekten ablaufen, ebenso in die zeichnerische Umsetzung der Ideen vom Funktionsschema bis hin zum fertigen Grundrißplan als Reinzeichnung auf dem Reißbrett.

Anmerkungen zu den Aufgaben S. 77

4 Zum besseren Verständnis sollten einige Normzeichen bei der Darstellung von Architekturzeichnungen erläutert werden. Dazu zählt die Kenntnis vom Maßstab, ebenso wie die Normierung bei der Darstellung von Wänden, Türen, Fenstern, Möbeln (LH, Bild 17).
Dies ist wichtig, da die Schüler selbst versuchen sollen, den Prozeß der Planung auf die Gestaltung eines eigenen Zimmers zu übertragen. Dabei sollten folgende Gesichtspunkte berücksichtigt werden:
- Welchen Anspruch stellst du an dein eigenes Zimmer, welche Funktionen soll es erfüllen? (Schlafen, Spielen, Arbeiten, Freunde empfangen, Kommunikation). Die vorgegebene Größe beträgt 3 x 4 m.
- Wie groß sollen die einzelnen Bereiche sein?
- Willst du sie voneinander trennen (Raumteiler)?
- Wie kann man Raum gewinnen (erhöhtes Bett)?
- Wie lassen sich die Möbel interessant anordnen (z. B. weg von der Wand)?

Die Doppelseite 78/79 befaßt sich mit den konstruktiven Elementen des Wohndorfs.
Der Entstehungsprozeß von der Bodenplatte zum fertigen Haus wird mit Hilfe einer Fotoreihe, die

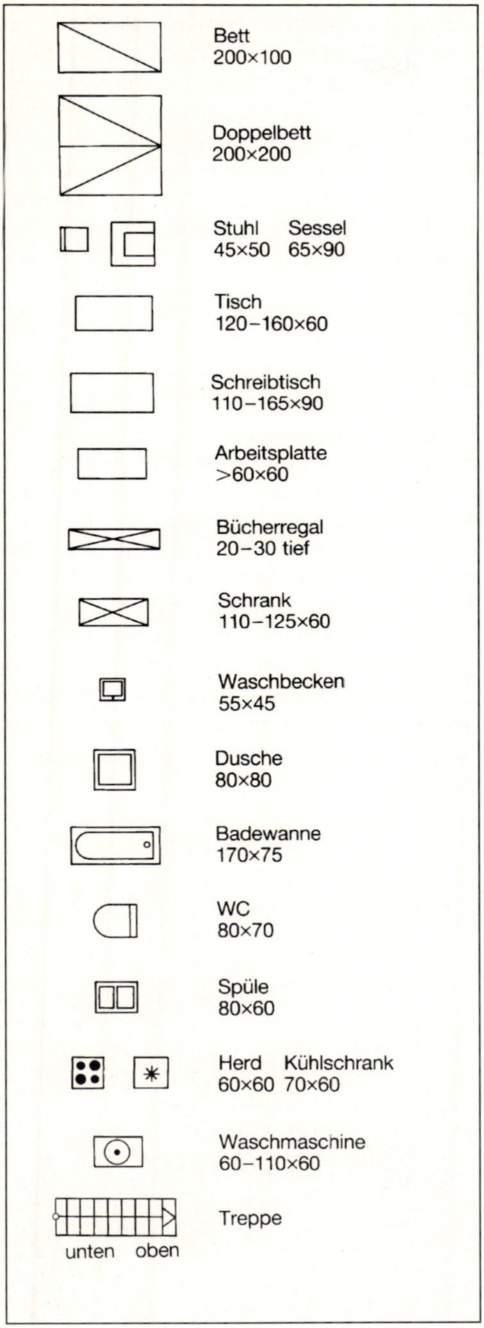

Bild 17: Sinnbilder für Einrichtungsgegenstände

vom Architekten selbst aufgenommen wurde, dokumentiert.

Anmerkungen zu der Aufgabe S. 79

1 Alternativ zur gestellten Aufgabe im Buch, die sich sinnvollerweise für ein Projekt eignet, könnte eine Liste erarbeitet werden, anhand derer sich die Schüler überlegen sollten, welche Handwerker in welcher Reihenfolge tätig sein müssen und warum. Sie erkennen dabei, daß ein heutiger Bau einer Vielzahl an verschiedenen Qualifikationen bedarf, die von einzelnen Personen nicht mehr zu leisten sind.

Literatur:

Dieckmann, R.: Bauen und Wohnen; in STERN, Heft 39, 1990, S. 150

Der Architekt und seine Möglichkeiten

(S. 80/81)

Gebäude bestehen aus einzelnen Bauelementen. Diese sind abhängig von dem verwendeten Material und der dadurch bedingten Konstruktion. Aus diesem Zusammenhang ergeben sich Statik und Erscheinungsbild, sowie Wirkungsweise der Gebäude.
Die Abbildungen 80.1–2 zeigen das Verwaltungsgebäude der Firma Züblin in der Nähe von Stuttgart. Es handelt sich um zwei unabhängig voneinander errichtete Gebäudeteile, die mit Betonfertigteilen errichtet wurden. Dazwischen befindet sich eine luftig wirkende Glashalle. Die Bürogeschosse werden innerhalb der Halle durch einen Aufzug- und Treppenturm erschlossen und sind über freilaufende Verbindungswege zu erreichen.
Zwar wird der mittlere Teil durch eine Glaskonstruktion abgeschlossen, aber dennoch wirkt er offen, wobei die Wirkung durch die Bepflanzung innerhalb noch verstärkt wird (vgl. S. 88 Kristallpalast). Abb. 81.1–2 zeigen den Universitätsbau der Uni Bremerhaven von Gottfried Böhm. Grundidee ist die Komposition giebelständiger Strukturen in Verbindung mit einem Rundturm. Auch in diesem Fall wurden einzelne Gebäudeteile mit einer Glaskonstruktion verbunden. Böhm verwendete be-

wußt Ziegel als Material, um damit traditionelle Merkmale und Materialien vorhandener Bauten fortzuführen.
Das Kapitel bietet verschiedene Zugriffsmöglichkeiten. Der durch Text- und Bildauswahl implizierte Ansatz will die Abhängigkeit zwischen Bauelement, dem verwendeten Material, der Konstruktion und der Wirkungsweise aufzeigen.
Auch in diesem Fall bietet sich eine vergleichende Betrachtung der Abbildungen an, um einen ersten Eindruck über die im Text angesprochene Problematik zu bekommen. Welche Bauelemente erkennst du und mit welchen Materialien sind sie hergestellt?
Eine bereitgestellte Liste mit Adjektiven kann helfen, die Wirkungsweise zu beschreiben: massiv, schwer, wuchtig, geschlossen, offen, locker, leicht, blockhaft, statisch, dynamisch, bewegt, lebhaft, nüchtern, verspielt, lichtdurchflutet, dunkel, düster, stabil, hoch, niedrig, schlank, grazil, filigran, ...

Anmerkungen zu den Aufgaben S. 81

2 In einem Lerngang, zum Beispiel durch das Schulgebäude, läßt sich leicht ein Transfer herbeiführen.
Durch eine kleine Aufgabe läßt sich in einem weiteren Schritt die Abhängigkeit von Material und Konstruktion nachvollziehen:
Man legt ein Blatt Papier auf zwei aufgestellte Bücher als Stützen. Das Blatt wird sich in der Mitte durchbiegen; vielleicht hält es auch den Kräften nicht stand und fällt nach unten. Wie müssen Versteifungen aussehen, damit das Blatt genügend Stabilität erhält und eben liegen bleibt?
Ersetze die Bücher durch Stützen aus Papier. Welche Form muß das Papier haben, damit es die Last tragen kann?

Eine Form setzt sich durch

(S. 82/83)

Pyramiden stehen am Anfang der Steinbaukunst. Es sind Königsgräber, Kultdenkmäler, aber auch Symbole staatlicher Macht in einem. Die drei Pyramiden von Gizeh zählen heute immer noch zu den gewaltigsten Bauwerken der Erde. Man sollte in diesem Zusammenhang jedoch nicht vergessen, daß *„Pyramiden nicht nur in Ägypten, sondern auch in Mesopotamien, auf den Inseln im Persischen Golf und im Tal des Indu gebaut wurden. Auch die sogenannte Neue Welt kennt sie: sie ragen in Mexiko auf, in Peru, Kolumbien, Ecuador und Bolivien – pyramidenförmige Tempelanlagen der Inkas, Mayas und Azteken (...).“*
(Braem, 1992)

Immer wieder wählten Architekten die Form der Pyramide für ihre Bauten mit unterschiedlichen Funktionen. So kann man vielleicht auch heute wieder von einer Renaissance der Pyramide sprechen, denn wiederholt findet man die klare, einfache geometrische Form in der Architektur.
Zwei Beispiele sind im Buch aufgegriffen: die Karlsruher Pyramide als Zeitdokument und Mei Peis Pyramide, ein Teil des Erweiterungsbaus des Louvre in Paris, als Beleg gegenwärtiger Architektur.
Übernimmt Weinbrenner noch die Funktion des Grabbaus, ist bei Pei die Pyramide ein begehbarer Glasbau, ganz im Gegensatz zu den massiven ägyptischen Pyramiden aus Stein, die niemals begangen wurden.

Bild 18. Zoran Petrović, Karlsruher Pyramiden-Cartoons, 1992

Anmerkungen zu den Aufgaben S. 83

1/2 Die gerade beschriebenen Gedanken werden von den beiden ersten Aufgaben aufgegriffen und können in einem Unterrichtsgespräch geklärt werden. Vielleicht befindet sich auch in der näheren Umgebung eine Pyramide. Ein Lerngang könnte die Funktion klären.

3 Die Aufgabe schließt eine praktische Auseinandersetzung mit dem Thema ein. In Zusammenarbeit mit dem Fach Mathematik ließe sich der konstruktive Aufbau einer Pyramide erarbeiten und in Form einer Pyramide aus Papier umsetzen. Es empfiehlt sich, die Form nicht zu klein zu wählen (mindestens 15 cm Höhe).
Das Bild 18, LH zeigt eine Karikatur zur Karlsruher Pyramide von Zoran Petrović. In diesem Sinne könnten die Schüler sich überlegen, welche Funktion sie ihrer Pyramide aus Papier geben könnten – als Wohn- oder Gartenhaus, als Wohnwagen, als Schulgebäude (?) ...

Literatur:

Braem, H.: Das magische Dreieck. Neue Geheimnisse aus dem Reich der Pyramiden, Stuttgart/Wien 1992

Faber, G.: Wandel einer Residenz, in: MERIAN „Karlsruhe“, Hamburg o. J.

Stadelmann, R.: Die ägyptischen Pyramiden, Darmstadt 1991

Wickert, U.: Die geliftete Schöne, in: MERIAN „Paris“, Hamburg o. J.

Die Vielfalt der Säule

(S. 84/85)

„Stützen sind meist senkrecht stehende, selten schräg geführte Bauelemente zur punktweisen Aufnahme von Lasten. Die Formen der Stützen ergeben sich aus dem Material, dem Zusammenhang mit der Konstruktion, die die Lasten auf die Stützen überträgt, und dem künstlerischen Formwillen. Jahrtausendelang stehen als Baustoffe nur Stein oder Holz zur Verfügung. (...)

Die Funktion der Stütze als selbständig tragendes Element, ihr punkt- und stabförmiger Charakter, kommt unmittelbar zur Geltung in den Säulen.“
(Müller/Vogel, 1990)

In der griechischen Tempelarchitektur war die Säule das wichtigste Bauelement. Stütze und Last stehen in einem vollkommenen Gleichgewicht. Alle Bauelemente werden dabei in ein System von Waagerechten und Senkrechten, von Maß und Zahl überführt.
Aussehen und Gestalt des griechischen Tempels wurden maßgeblich durch die Proportion der Säule bestimmt.
85.1 zeigt die verschiedenen Säulenordnungen der griechischen Architektur: dorisch, ionisch und korinthisch.
Neben diesem funkionalen Aspekt übernahm und übernimmt die Säule häufig dekorative Aufgaben. Zwei Belege dafür sind im Schülerbuch aufgeführt: Die Würzburger Residenz als Beispiel für ein barockes Bauwerk und die Piazza d'Italia in New Orleans als Beispiel postmoderner Architektur.
In diesem Fall wurde ausnahmsweise einmal ein außereuropäisches Beispiel gewählt. Es zeigt die Abhängigkeit von Architektur und Umfeld (Bewohner eines Stadtteils), sowie den funktionalen Aspekt von Plätzen im städtebaulichen Kontext (vgl. 73.3 und LH, Bild 19).

Bild 19: Charles Moore, Schemaskizze der Piazza d'Italia, New Orleans, 1976-1979

„Die Piazza d'Italia soll neues Zentrum eines Stadtteils von New Orleans werden, wo sich die Bevölkerungsgruppe italienischer Herkunft konzentriert und wo das Italo-amerikanische Institut bereits angesiedelt wurde. (...) So hat Charles Moore aus dem Körper eines Neubaus eine gerundete Platzanlage herausgeschnitten, die von Säulenkulissen umfaßt wird. Die bruchstückhaft hingesetzten Kollonaden bilden den Hintergrund für das Land Italien, das sich als Landkartenstiefel aus dem Zentrum der großen Arkade herausschiebt und mit der Insel Sizilien in den Mittelpunkt der konzentrischen Kreisfolge des Platzes hineingreift. Der Brunnen, das umgebende Wasser, ist das Mittelmeer. Sizilien hat deshalb den prominentesten Ort in der Platzmitte, weil überwiegend Sizilianer in dieser italienischen Nachbarschaft wohnen."
(Klotz, 1985)

Anmerkungen zu den Aufgaben S. 85

2 Die Aufgabe geht weg von der Säule als Gestaltungsmittel hin zu einfachen geometrischen Formen, die sich leicht vom Schüler herstellen lassen. Am besten hierzu eignen sich Quader unterschiedlicher Dicke, die schachbrettartig zusammengefügt werden. Es entsteht ein Relief, das man durch Beleuchtung „zum Leben" erwecken kann.
Anstelle der Quader eignen sich ebenso Flaschenkorken, Schachteln, Eierkartons, Flaschendeckel, ... zur Beurteilung der Wirkung von Licht und Schatten. Ein Bezug zur Umwelt entsteht durch die Betrachtung von Mauern und Fassaden, die in Sichtbeton gestaltet sind, um Lärmschutz zu gewährleisten (LH, Bild 20).

Bild 20: Betonfertigteile für Lärmschutzwände

Literatur:
Müller, W./Vogel, G.: dtv-Atlas zur Baukunst, Bd. 1, München, 1990
Klotz, H.: Moderne und Postmoderne, Braunschweig/Wiesbaden, 1985, S. 137
K+U, Heft 129 „Postmoderne", Velber 1989

Von Bogen und Gewölben

(S. 86/87)

Der Pont du Gard bei Nîmes in Südfrankreich ist ein eindrucksvolles Beispiel römischer Bautradition, die für die unterschiedlichsten Bauprobleme nach Lösungen suchte.
Der Bogen als Tragwerk erlaubt ein Öffnen von Wandflächen, wobei der Kräfteschub auf Wand oder Stütze abgeleitet wird. Er wird aus keilförmig behauenen oder rechteckigen Steinen mit keilförmigen Mörtelfugen, die zum Mittelpunkt weisen, aufgebaut (LH, Bild 21.1/2).
Im vorliegenden Beispiel dient er der Überbrückung eines Geländeabschnitts, ebenso wie das Gewölbe Räume überspannt. Als Material verwendete man Werk- oder Ziegelstein, aber auch ein betonartiges Gemisch, das die Römer erfunden hatten.
In der Gegenüberstellung der Doppelseite wird der Dom zu Speyer gezeigt: die Romanik als Rückbesinnung auf römische Bautradition.
Unter Kaiser Heinrich IV wird in einem Um- bzw. Neubau das Mittelschiff mit einer Länge von 70 m und einer Breite von 13,80 m mit sechs Gewölbefeldern (Joche) überspannt. Dem entsprechen 12 Joche der Seitenschiffe (Gebundenes System). In

Größe, Spannweite und Gewölbetechnik lehnte man sich an römische Vorbilder an. Ausgeführt hatte man ein Kreuzgratgewölbe, dabei werden die Kräfte über die Gurtbögen auf die Stützen, in diesem Fall Bündelpfeiler, abgeleitet (87.1).
Der Text geht auf konstruktive Probleme ein, besonders bei der Verwendung unterschiedlicher Gewölbeformen. Ein Versuch hierzu könnte eindrucksvoll die Schwierigkeit zeigen, mit denen die Baumeister zu kämpfen hatten (vgl. Aufgabe 3). Während ein Tonnengewölbe starke nach außen wirkende Kräfte besitzt und nach verstärkten Wänden verlangt, hat ein Kreuzgratgewölbe den Vorteil, daß die Kräfte auf mehrere Stützen abgeleitet werden können.

Bild 21.1/2: Ein Rundbogen wird konstruiert

Anmerkungen zu den Aufgaben S. 87

3 Für den praktischen Teil der Aufgabe – die Schüler bauen ein Gewölbe – wäre Gruppenarbeit vorteilhaft. Zunächst jedoch sollte man in einem Unterrichtsgespräch die Konstruktion beschreiben und verdeutlichen. Ein Zitat aus dem Buch von Henri Vincenot: „Die Sterne von Compostela"(vgl. LH, S. 52), kann im Unterricht vorgelesen werden. In dem Abschnitt S. 218-220 wird anschaulich beschrieben, wie früher ein Kirchengewölbe von seinem Lehrgerüst befreit wurde.
Folgende Arbeitsschritte bieten sich anschließend an, wobei eine Kooperation mit dem Fach **Mathematik** möglich wäre:

- Die Schüler zeichnen zwei Halbkreisbögen und bestimmen die Segmentgröße (= Größe der Steine, die je nach dem verwendeten Material unterschiedlich ausfallen: bei Ytong 5–7 cm und bei Ton ca. 3 cm Länge)
- ein Lehrgerüst wird hergestellt, z. B.: ein Bogen aus etwas stärkerem Holz auf Holzstützen (selbststehend)
- Die Steine werden aus Ytong herausgesägt oder aus Ton geformt und der Bogen aufgesetzt.

Wenn die stützende Wand zu schwach konstruiert wurde, besteht die Gefahr eines Einsturzes des Bogens.
Die Beispiele LH, Bild 21.1/2 wurden mit Ytong hergestellt (innerer Bogen 30 cm Durchmesser – 2 x 6 Steine + Schlußstein. Größe der Steine innen 3,2 x 5 cm – Länge 6 cm).

Literatur:

K+U, Heft 146 „Ton – Steine – Erde", Velber 1990

Fertigbau und Handwerkstradition

(S. 88/89)

Bereits zum Ende des 18. Jh. fand Gußeisen als selbständiges Baumaterial rasche Verbreitung. Mit der ersten Eisenbrücke in England (Coalbrookdale, 1777–79) trat der Werkstoff in Erscheinung.
„Gewächshäuser wurden schon im siebzehnten und achtzehnten Jahrhundert technisch ausgereift gebaut. Die Verwendung von Eisen blieb dabei

lange umstritten, da es ein guter Wärmeleiter ist und daher immer Schwitzwasser von ihm abtropft. Erst um 1830 verbreitete sich die Eisenbauweise wegen des geringen Gewichts und der schmalen Profile, die damit möglich waren. (...)
Für die „Great Exhibition" 1851 im Londoner Hyde Park entwarf Joseph Paxton den berühmt gewordenen „Kristallpalast" aus unzähligen, seriell gefügten Einzelteilen. Das Rasterprinzip mit einem Modul von 24 mal 24 Fuß ermöglichte rationelle Vorfertigung und einfache Montage."
(Gössel/Leuthäuser, 1990)
Die Montage erfolgte mit Flaschenzügen und Pferdekraft (vgl. 88.1–2).
Die eigentliche Bedeutung erlangte das Gebäude durch die Absage an allen bisherigen Stile – entscheidend war die Beziehung zwischen Technik und den zum Ausdruck gebrachten Zielsetzungen und Vorstellungen. Für Schüler einleuchtend ließe sich der Gedanke in der Vorstellung mit den Schlagworten „größer – schneller – höher" umsetzen.
Diese Technisierung hielt auch in anderen Lebensbereichen Einzug – industriell vorgefertigte Schmuckformen bei den Wohnhäusern der „Gründerzeit", bis hin zum einfachen Gebrauchsgegenstand. So war es nicht verwunderlich, als sich gegen Ende des 19. Jahrhunderts eine massive Gegenbewegung formierte.
„...faktisch jedoch schreckte auch Ruskin vor den Konsequenzen zurück, denn ‚Architektur erlaubt kein Eisen als Baumaterial, und solche Werke wie die Gußeisendächer und Stützen in unseren Bahnhöfen ... sind überhaupt nicht Architektur zu nennen'."
(Gössel/Leuthäuser, 1990)
Diesen Gedankengang versucht die Doppelseite kontrastierend aufzugreifen: Das Jugendstilornament und die Handarbeit als Kontrast zur maschinell gefertigten Massenware (vgl. Aufg. 1).
Ein Vertreter des Jugendstils ist Antoni Gaudí. Das Beispiel (89.1–2) zeigt die Casa Batlló in Barcelona, eine Umgestaltung eines bereits vorhandenen Baus, der einem Stoffabrikanten gehörte.
Folgendes Zitat kann bei der Betrachtung des Gebäudes im Unterricht hilfreich sein:
„Mächtige Säulen, die wie die Füße eines riesengroßen Elefanten anmuten, sind das erste, was dem Fußgänger ins Auge fällt. Beim Dach kommt einem ein ganz anderes Tier in den Sinn: Es wird von einer Zackenlinie begrenzt, die wie das Rückgrat eines Riesensauriers wirkt. Dazwischen erstreckt sich eine Fassade mit kleinen, elegant geschwungenen Balkons, die an dem Haus zu kleben scheinen wie Vogelnester an einer Felswand. Die Fassade selbst glitzert in vielen Farben und ist durchbrochen von kleinen runden Plättchen, die wie Schuppen eines Fisches aussehen. Hier gibt es keine Kanten und Ecken; selbst die Wände sind gewellt und wirken eher wie die glatte Haut einer Seeschlange."
(Zerbst, 1985)

Anmerkungen zu den Aufgaben S. 89

1 Die Aufgabe geht auf die Wirkungsweise unterschiedlicher Bauformen ein: 88.1–3 ein funktionaler Zweckbau, 89.1–2 das Wohnhaus eines reichen Fabrikanten. Die Schüler können Adjektive finden, die die Wirkung beschreiben.

2 In Anlehnung an das Zitat von Rainer Zerbst mit seiner bildlich-metaphorischen Sprache ließe sich eine neue Fassade erstellen. In einem Unterrichtsgespräch werden verschiedene Lösungen diskutiert. Ein Exkurs auf S. 71 und 92 könnte den Gedanken individuellen Wohnens fortführen (Weller-Haus). Die Schüler suchen nach einer zeichnerischen Lösung ihres „Traumhauses", indem sie die Fassade in einer Frontalansicht wiedergeben.

Bild 22: Schülerarbeit: Eine Fassade aus Ton

3 Bietet alternativ zu Aufgabe 2 die Möglichkeit einer Tonarbeit. Um die bildliche Vorstellungskraft der Schüler zu verstärken, bietet sich in diesem Fall auch der Vergleich mit einem Zuckerbäckerhäuschen an. Im nebenstehenden Unterrichtsbeispiel bearbeiteten die Schüler eine Tonplatte (20 x 25 cm), indem sie Öffnungen einfügten und die Form gestalteten. Nachträglich wurde hinter die „Fenster" ein Spiegel angeklebt (LH, Bild 22).

Literatur:

Gössel, P./Leuthäuser, G.: Architektur des 20. Jahrhunderts, Köln, 1990
Zerbst, R.: Antoni Gaudí, Köln, 1985

Ein neues Umweltbewußtsein

(S. 90/91)

Zwei Aspekte stehen für diese Doppelseite im Vordergrund:

- die Umweltverträglichkeit von Baumaterialien und
- die unterschiedliche Wohnqualität, die damit erreicht werden kann.

Auf der einen Seite steht der Beton als Werkstoff, der Mitte des letzten Jahrhunderts wiederentdeckt worden war, nachdem man ihn seit der Römerzeit lange vergessen hatte. Neue Erfindungen wie der Stahlbeton und die Fabrikation von Betonfertigteilen (90.1) nahmen Einfluß auf die Architektur.

Zu Beginn der 80er Jahre setzte jedoch ein neues Umweltbewußtsein ein. Man erkannte eine Verantwortung den zukünftigen Generationen gegenüber. (S. 90, Hundertwasser.) Mit seinem Biohaus hat Rudolf Doernach 1979 ein Vorbild für die neue Form des Wohnens geschaffen – andere folgten seinen Vorstellungen. So zeigt 91.1–2 zwei Beispiele, die den Aspekt der Umweltverträglichkeit sehr stark in ihre Konzeption aufgenommen haben:

– Die Dôme-Häuser in Mannheim-Neckarau, gebaut von den Architekten Annemarie Mütsch-Engel und Klaus-Peter Mütsch.

– Das Naturhaus, das anläßlich der Landesgartenschau in Freiburg in der Absicht entstand, ein Angebot zum ökologischen Lernen bereitzustellen. Es soll die Besucher motivieren und ihr Umweltbewußtsein stärken. Es wird daher auch nicht als Wohnhaus gebraucht. 1987 fiel das Naturhaus einem Brand zum Opfer und mußte wieder aufgebaut werden.

Anmerkungen zu den Aufgaben S. 91

1 Für die Klärung der Aufgabenstellung wäre ebenfalls ein Lerngang von Vorteil, oder es werden in einem Unterrichtsgespräch die Abb. 73.2 und 3 mit der Abb. 90.2 verglichen.

2 Auch in diesem Fall wäre eine Kooperation mit Geographie sinnvoll. Im Buch lassen sich Beispiele finden, die den Einfluß von Klima, Region und dem verwendeten Baumaterial beschreiben (S. 74/75).

3 Warum verändert ökologische Bauweise die Wohnqualität? Eine Frage, die nicht leicht zu beantworten ist. 90.2 versucht eine erste Annäherung an die Fragestellung zu geben. Bei einem Gang durch Trabantensiedlungen unserer Großstädte (aber nicht nur dort) lassen sich unzählige Beispiele für die Auswirkung von Betonfertigteilen auf die Architektur finden, wie hier in einem Stadtteil von Freiburg. Die Vorteile, wie leichte Montierbarkeit und geringe Fertigungskosten, werden durch die entstandene Monotonie in Frage gestellt. Der Mensch wird zur Massenware, verliert seine Identität.

Dahingegen eröffnet der ökologische Wohnbau andere Dimensionen. Er beinhaltet die Individualität.

„Haus und Anlage sollen dem Besucher und Benutzer helfen, wieder Zugang zur Natur zu finden – durch das Erlebnis von Lebensqualität, die aus den Strukturen und Dimensionen des Raumes kommt, durch die Erfahrung manueller Arbeit, durch das Erleben mit allen Sinnen, die durch vielfältige Eindrücke angeregt werden. Die Ökostation soll Mut machen zu eigenen Schritten, zu einem Tätigwerden im eigenen Wohnumfeld, hin zu einer intensiveren Ausgestaltung der Freizeit.
(Havlik/Schulz, 1987)

4 Die Aufgabe ist spekulativ gehalten, denn sie soll den Schülern und Schülerinnen Anregung geben, auch nach möglichen Lösungen für ein ver-

stärkteres Umweltbewußtsein im herkömmlichen Wohnbau zu suchen. Folgende Fragestellungen können in einem Unterrichtsgespräch oder Gruppenarbeit bearbeitet werden: Wie könnten unsere Häuser der Zukunft aussehen? Wie könnte man unsere Häuser lebenswerter gestalten? Weitere Beispiele von Hundertwasserarchitektur (Wohnhaus in Wien, Wohnanlage „Unter dem Regenturm" in Plochingen bei Stuttgart) könnten den Schülern zusätzliche Anregungen geben.

Literatur:

Doernach, R./Heid, G.: Das Naturhaus. Wege zur Naturstadt, Frankfurt/M. 1982
Doernach, R.: Natürlich bauen. Arbeiten mit Rundholz, Frankfurt/M. 1986
Havlik, R./Schulz, E.: Ökostation. Leben mit sanfter Technologie, Köln, 1987
Umweltbundesamt (Hrsg.): Ökologisches Bauen, Berlin 1982

Video-Film:

Habarta, Peter: Wohnen im Hundertwasserhaus. Langen-Müller, München 1992. Laufzeit ca. 16 min

Ein maßgeschneidertes Haus

(S. 92)

Diese Seite führt verschiedene Gedankengänge zusammen:

- Das barocke Schloß mit dem bewußt inszenierten Spiel von Licht und Schatten
- Gaudís Formgebung an Gebäuden, die weg von rationalen Formen führen soll
- Die Dôme-Häuser, die mit ihrer Form das Sinnleben positiv beeinflussen wollen
- aber auch Holfelders Gedanke, das Zusammenleben der Menschen neu zu organisieren.

Bereits S. 71 gibt einen ersten Eindruck vom Wohnhaus der Familie Weller in Biberach/Riß, oder dem „Schneckenhaus", wie es liebevoll von den Biberachern genannt wird. Mit ihrer Konzeption beschritten sie in Zusammenarbeit mit dem Architekten Dieter Schmid und dem Maler Martin Heilig neue Wege in der Planung von Wohnraum.

„Die Bauherren Christel und Rainer Weller legten dem Haus ihrer Vorstellungen nicht die klassisch geschlossene Form zugrunde. Über stereometrische Grundformen hinaus wurde die freie Form gesucht. Die übliche Schachtelarchitektur war wohl nicht geeignet, auf Bedürfnisse einzugehen, die mehr als nur funktionale Notwendigkeiten des Wohnens enthielten. Ihr Haus sollte geistigen und emotionalen Bedürfnissen gerecht werden, den Bereichen der Freizeit und Arbeit entsprechen, fantasieanregend und heiter sein. (...)
Der Entwurf des Architekten in Form einer versetzten Spirale erfüllte die Anforderungen. Funktional ist die Anordnung der Räume um einen Mittelpunkt, zum Beispiel der Küche im Wohnbereich. Die offene Form der Spirale, die zunächst zu klassisch erscheint, wurde zerbrochen. In der Form der geschnittenen Spirale war die Ästhetik und der philosophische Hintergrund gegeben. Ein Haus das Bergen und Öffnen, die klassische Form und deren Zerstörung, die Evolution und die Stabilität gleichzeitig enthält."
(Text zur Diaschau und Fotodokumentation des Wellerhauses bei den Ersten Landeskunstwochen 1980 in Biberach an der Riß)

Anmerkungen zu den Aufgaben S. 92

1 Um die Vorstellungskraft über das Wellerhaus zu verstärken, ist der Vergleich mit einem Schneckenhaus durchaus angebracht. Wie könnte man das Wohnen in dieser für ein Haus eigenwilligen Form organisieren? Welche Konsequenzen hat es besonders auch zum Beispiel für das Mobiliar?
So könnte die Überlegung einfach in die praktische Aufgabe 2 überleiten. Wobei die Tonarbeit wohl der Aufgabenstellung am gerechtesten werden dürfte. Mit dieser Technik lassen sich am besten die weichen und fließenden Formen eines Hauses wie dem der Familie Weller nachempfinden.
Zum Abschluß noch ein Auszug aus dem Gästebuch der Familie Weller – ein Gedicht einer 4. Grundschulklasse nach dem Besuch in dem Haus – zum Vorlesen und zur Motivation für die Schüler:

„Im Schneckenhaus von Wellers
da haust im runden Keller
ein Feuer-Schlucker-Geist
der spukt's den Leuten meist.
Obwohl es fehlt an Ecken
konnten wir uns gut verstecken.
Die Wände ziert ein Baum
sehr bunt anzuschaun
mit goldnen Früchten
auf mehreren Schichten.
Das Gold fließt in die Becken
man wollt' am liebsten dran schlecken.
Selbst uns hat's hier gespukt –
man wird hier fast verruckt.

1. Didaktisch-methodische Erläuterungen

Neben den Medien gibt es wenige Kulturphänomene, die so weitreichend in das alltägliche Leben der Menschen eingreifen wie das Design. Inhaltlich spannt sich der Bogen vom Alltagsgegenstand über die Gestaltung visueller Information bis hin zur gestalteten Umwelt.

In zunehmendem Maße ist auch die Lebenswelt des Schülers, der von der Industrie als potentieller Konsument gesehen wird, mit diesem Phänomen konfrontiert. Durch die Möglichkeit, selbst Waren zu kaufen, erhält er auch die Chance, eigene Wertungen über die Eigenschaften des gekauften Produktes zu treffen. Hier ist der didaktische Ansatz zu sehen, Jugendlichen den bewußten Umgang mit „gestalteten Dingen" deutlich zu machen und sie zu kritischen Verbrauchern zu erziehen.

Der Bereich Design hat inzwischen Eingang in alle Richtlinien und Lehrpläne gefunden, wenn auch unter unterschiedlichen Begriffen. So spricht man von „Designobjekten", „Design-Produkten" und „Gebrauchsgegenständen", von „Produktgestalt" und „Gebrauchsform".

Der Bereich des Grafik- oder Kommunikationsdesigns wird in den Richtlinien entweder eigenständig thematisiert oder unter den Aspekten „Druckgrafik", „Kommunikation", „Werbung" und Verhältnis von „Schrift und Bild" angesprochen.

Im Band Grundsteine Kunst 1 wird am Beispiel der Gebrauchsgegenstände Stühle und selbstgetöpferte Vase eine Einführung in die Designproblematik gegeben, die für diese Altersstufe ausreichend ist.

In den folgenden Bänden kommen komplexere fachspezifische Zugangsformen zum Phänomen „Design" hinzu.

Gedanken zur Struktur des Kapitels

Das Kapitel „Design" gliedert sich in **Produkt-** oder **Industriedesign** (S. 100–107) und **Grafik-** oder **Kommunikationsdesign** (S. 108–112).

Wesentlicher didaktischer Ansatz ist sowohl der integrativ-ganzheitliche als auch schülerorientierte Zugang zum Phänomen „Design". Es gilt, seine Komplexheit an einfachen, für die Schüler und Schülerinnen nachvollziehbaren Beispielen aufzuzeigen. So stellen die Seiten „Peter Behrens: Architekt, Künstler und Designer" (S. 96–99) nicht nur den historischen Aspekt dar, sondern zeigen, daß Gestaltung in den verschiedenen Bereichen von einer einzigen Person vorgenommen werden kann. Die Sequenz „Ein Füller entsteht" (S. 104–107) vermittelt Schritt für Schritt die Entwicklung eines Produktes, das für die Schüler einen hohen Gebrauchswert hat. Das Erkennen und die Entlarvung von Werbemechanismen verdeutlicht das Beispiel der Armbanduhr, ein Produkt, das für Schüler und Schülerinnen ebenfalls eine wichtige Rolle spielt.

Auch zum Themenbereich „Fahrrad" (S. 108 ff.) dürfte in dieser Altersstufe eine hohe Sachkompetenz vorliegen.

Die Methode der Strukturanalyse (S. 112 f.) einer Seite aus einer Jugendzeitschrift ist auch leicht übertragbar auf das abschließende Plakat gegen den Hunger (S. 114).

Der Aufbau des Kapitels Design ermöglicht es, daß die einzelnen Doppelseiten nicht aufeinanderfolgend „durchgenommen" werden müssen. Sinnvoll erscheint lediglich der Einstieg mit der Doppelseite „Was ist Design?" (S. 94). Die Grundlagenseiten „Woran erkenne ich ein Designobjekt?" (S. 100 f.) bilden das Fundamentum zum **Produkt-Design** und sollten im Unterricht möglichst behandelt werden.

Die Themen „Fahrrad" und „Radrennen" (S. 108–111) führen zur Erarbeitung der Aufgaben des **Grafik-** oder **Kommunikationsdesigns**.

Fächerverbindende Ansätze

Das Thema „Design" bedingt allein durch seine Sachlogik den Einsatz unterschiedlicher Fachwissenschaften und somit auch mögliche fächerverbindende Ansätze in der Schule. Die Grafik zu den Aspekten des Designprozesses (LH, Bild 25) veranschaulicht dies.

Am Beispiel der Doppelseiten „Ein neuer Füller entsteht" (S. 104–107) läßt sich der Bezug der verschiedenen Fächer verdeutlichen.

Die Marktanalyse ist der Fächergruppe **Wirtschaft/Sozialwissenschaften/Sozialkunde** zuzuordnen. Die Entwicklung des Markennamens bzw. des Werbeslogans könnte im Fach **Deutsch** weiterverfolgt werden.

Speziell dem Fach **Geschichte** sind die Seiten 98/99: „Peter Behrens und die AEG" zuzuordnen. Neben der dort angesprochenen technischen Erfindung der Glühlampe wird der wirtschaftliche Aufschwung der Gründerzeit verdeutlicht.

Das Fach **Technik** findet sich in diesem Kapitel durch die Vielzahl der abgebildeten Produkte (Treppenstuhl, Schrank, Wasserturm, Wasserkessel und Fabrikhalle) wieder. Unterrichtliche Fortführungen bzw. Vorbereitungen sind denkbar beim Erstellen einer technischen Werkzeichnung eines Füllhalterelementes oder bei der Erarbeitung einer Funktionszeichnung, wie bei der hydraulischen Scheibenbremse (110.2).

Literatur:

Bruckner, M./Hövelborn, E.: Design-Materialien, Bildende Kunst Materialien, Hrsg.: Landesinstitut für Erziehung und Unterricht, Stuttgart 1987

Bruckner, M./Ehm, K./Napp-Zinn, Ch.: Design, Arbeitsheft für den Kunstunterricht ab Klasse 7, Stuttgart 1993

Kunst + Unterricht, Heft 104 „Produktkultur", Velber 1986

Löbach, Bernd: Industrial Design im Unterricht. Ein Arbeitsbuch für die kritische Auseinandersetzung mit industriell produzierter Umwelt, Ravensburg 1979

Rat für Formgebung (Hrsg.): Design im Schulunterricht. Materialien zu einem kaum erschlossenen Unterrichtsthema, Frankfurt 1991

Videos:

Die kreativen Designer: Autos, Werbung, Räume, Medien, Film, Model; Dumont Verlag, Köln

Diaserien:

Design; Das Plakat; Schrift; Wirkungen der Werbung; alle: Vista Point Verlag, Postfach 27 05 72, 50511 Köln

2. Kommentar zu den Doppelseiten

Luigi Colani: Rennrad

(S. 93)

Die Auftaktseite 93 zeigt den Entwurf eines Rennrades von Luigi Colani. Das Motiv eignet sich zu einer spontanen Objektanalyse, die auf Seite 73 des LH systematisiert wird und Schülern als sprachliches Muster dienen kann. Weiterhin kann das Motiv ergänzend zu den Doppelseiten „Radrennen" und „Rund ums Rennrad" hinzugezogen werden.

Was ist Design?

(S. 94/95)

Als Einstieg in das Kapitel „Design" wird das Foto eines Jugendzimmers gezeigt (94). Design ist hier für die Schüler und Schülerinnen unmittelbar greifbar, denn Design ist etwas, was auch sie direkt angeht, da auch sie hier schon Konsumenten sind. Jugendliche werden in zunehmendem Maße an der Ausgestaltung ihrer Zimmer beteiligt, bzw. kaufen sich selbst Ausstattungselemente wie Poster, Zimmerschmuck, Lampen usw.

Ergänzt werden kann dieser Einstieg durch Gegenstände, die die Schüler besitzen und mit in den Unterricht bringen. Da diese Gegenstände für sie einen hohen Aufforderungscharakter haben, dürfte sich schnell ein freies Unterrichtsgespräch entwickeln, das dann zu den Abbildungen 95.1–7 führt. Die grafische Gestaltung der Seite weist auf die beiden großen Bereiche des Designs hin: **Produkt-Design** (Industrie-Design) und **Grafik-Design** (Kommunikations-Design).

Das **Produkt-Design** kann hier schon differenzierter in folgende Bereiche eingeteilt werden:

- ästhetisch orientiert: Mode, Schmuck, Textil, Glas, Keramik
- technisch orientiert: Werkzeuge, Maschinen, Haushaltsgeräte, Gebrauchsgeräte verschiedenster Art wie Fotoapparat, Füller, Fahrrad

- baulich orientiert: Möbel, Räume (Diskotheken, Klassenraum), Bausysteme und Bauelemente (z. B. für Ausstellungen).

Eine Ausdifferenzierung des **Grafik-** oder **Kommunikations-Designs** sollte hier noch nicht erfolgen, sondern erst nach Bearbeitung der Seiten 108 bis 111. Auf S. 111 findet sich auch das entsprechende grafische Schaubild, das sich auf die Abbildungen bezieht.

Anmerkungen zu den Aufgaben S. 95

1 Diese Aufgabe hat den Vorteil, daß Schüler subjektiv ihre „Lieblingsprodukte" einbringen können. Als sinnvolle Unterrichtsform bietet sich die Gruppenarbeit an, zumal dann auch arbeitsteilig gesammelt werden kann.

2 Besonders die den Schülern bekannten Fachzeitschriften z. B. zu Mountain-Bikes oder Computer liefern produktspezifische und visuelle Informationen, die nach Absicht und Nutzen untersucht werden können.

Weiterer Aufgabenvorschlag:
Schüler bringen eigene Designobjekte und visuelle Informationen (Poster, Zeitschriften) mit. Diese werden auf den Boden nach den Kriterien der Abbildungen 95.1–7 ausgelegt.

Literatur:
Friedl, Friedrich/Ohlhauser, Gerd: Das gewöhnliche Design, Katalog zur Ausstellung das Fachbereichs Gestaltung der Fachhochschule Darmstadt, Köln 1979

Peter Behrens: Architekt Künstler und Designer

(S. 96/97)

Die Seiten 96 bis 99 bilden eine Einheit und sollten auch geschlossen behandelt werden, da die Persönlichkeit Peter Behrens erst durch seine Tätigkeit bei der AEG Breitenwirkung erzielte.

In der Regel beginnt im Kunstunterricht Designgeschichte mit dem Bauhaus. Dies hat verschiedene Gründe, zum einen ist das Bauhaus die erste Kunsthochschule, die umfassend alle Künste in die Ausbildung der Studenten einbezieht, andererseits haben die am Bauhaus und von den Bauhauslehrern geschaffenen Produkte eine breite Rezeption gefunden, die allerdings erst durch vereinfachte Nachbauten (Ikea) größere Verbreitung erfuhr. Schließlich begann die Bauhaus-Zeit nach dem Einschnitt des 1. Weltkrieges, so daß parallel zur Entstehung der Weimarer Republik von einer Stunde Null gesprochen wird.

Die Kunstwissenschaft selber beginnt erst jetzt, die Zeit vor 1914 systematisch zu untersuchen, denn nur so ist die Entstehung des Bauhauses richtig einzuordnen. Deutlich wird dies am Titel einer 1992 in Münster gezeigten Ausstellung „1910 – Halbzeit der Moderne. Van de Velde, Behrens, Hoffmann und die anderen".

Eine Fülle von Impulsen im damals noch nicht so bezeichneten Designbereich kennzeichnet diese Epoche. Es fand nicht nur eine Reaktion auf die Avantgarde der Bildenden Kunst statt – führende Persönlichkeiten waren z. T. selber als Künstler tätig –, man reagierte auch auf die zunehmende Massenproduktion. Die sich abzeichnende Kulturkrise, aber auch die wirtschaftliche Vormachtstellung Englands auf dem Weltmarkt und der in seiner Endphase alles kopierende Historismus führte u. a. zu den im Text erwähnten Vereinigten Werkstätten für Kunst im Handwerk und zum Deutschen Werkbund.

Peter Behrens war eine der wenigen allseitig begabten Personen, die in den unterschiedlichsten Bereichen tätig war. Die Abbildungen auf der Doppelseite machen den Spannungsbogen seiner künstlerischen Arbeit deutlich: vom Linolschnitt „Der Kuß" (96.1) zum Treppenstuhl aus Fichtenholz (96.3), vom Jugendstilschrank aus edlen Hölzern (96.2) zum Wasserturm aus Stahlblech (97.3), vom Kelchglassatz (97.1) zum Markenzeichen der Firma AEG (98.1–6).

Es gibt für Behrens keine Unterscheidung in hohes und niederes Gebrauchsgut (wie man damals sagte), alles ist gestaltbar und muß gestaltet werden. Daß dies heute noch nicht selbstverständlich ist, zeigt der Kampf von Bürgerinitiativen zum Erhalt von Industriedenkmälern. Auch der abgebildete Wasserturm war vom Abriß bedroht.

Weiterführende Anregungen zur Unterrichtsgestaltung

1 Versuche anhand des Farbholzschnittes und des Schrankes die Merkmale des Jugendstils herauszuarbeiten. Stelle diesen beiden Beispielen den Treppenstuhl und den Wasserturm entgegen.

2 Finde Argumente für den Erhalt von Industriedenkmälern.

3 Dokumentiere zeichnerisch oder fotografisch Industriedenkmäler.

Eine Firma legt Wert auf Gestaltung

(S. 98/99)

Um 1907 war die AEG die größte Herstellerfirma von Generatoren, Transformatoren, Motoren, elektrischen Birnen und Bogenlampen. Weltweit führend war sie im Entwurf und Bau von Kraftwerken. Allein 56 verschiedene Gesellschaften gehörten zum zentral geleiteten Konzern.
Die knappe Industriegeschichte der Firma AEG macht den Schülern und Schülerinnen deutlich, wie stark sich die neue Erfindung des elektrischen Stromes auf das Entstehen verschiedenster Produkte auswirkte, die es vorher nicht gegeben hatte. Hervorzuheben ist, daß die Firmenleitung einen künstlerischen Beirat einrichtete, dessen Leitung man Peter Behrens übertrug. Während er zunächst für den Entwurf von Bogenlampen zuständig war, bernahm er bald Gestaltungsaufgaben, die heute mit dem Begriff Corporate Identity (Firmen-Image) umschrieben werden.
Die Erkenntnis, daß eine große Firma ein einheitliches Bild nach außen zeigen muß, führte zur Gründung des künstlerischen Beirates. Mit Peter Behrens gewann die AEG eine bekannte Persönlichkeit mit breit gefächertem Wissen und Können und Beziehungen zu jungen innovationsbereiten Menschen. So machte er Walter Gropius, den späteren Gründer und Leiter des Bauhauses, Mies van der Rohe und Le Corbusier zu seinen Mitarbeitern. Alle drei waren auch Mitglieder des Deutschen Werkbundes.

Die Entwicklung des Firmenzeichens auf Seite 98 zeigt zum einen exemplarisch den stilgeschichtlichen Weg vom Historismus über den Jugendstil zur Neuen Sachlichkeit der 20er Jahre. Zum anderen macht die Abbildung auch deutlich, wie Peter Behrens anfangs in den Zeitgeist eingebunden ist. Die Abbildung 98.5 stellt dann den Bruch mit der Tradition und den Weg zur Sachlichkeit dar. Hinzuweisen ist auch auf die von Peter Behrens entwickelte Antiquaschrift. Bei den Abbildungen 99.1–3 sind die sachlichen Elemente hervorzuheben. Der Vergleich der Turbinenhalle von 1908 mit Historismusbauten verdeutlicht die Auffassung des Neuen Bauens.
Im Plakat zur Metallfadenlampe werden Formen des Konstruktivismus vorweggenommen. Hier bietet sich ein Vergleich mit Bild 23 im Lehrerheft an. Ludwig Sütterlin, der Erfinder der nach ihm benannten deutsch-nationalen Schrift, entwarf das erste Firmenzeichen der AEG im Jahre 1894. Bei der dargestellten Figur handelt es sich um Germania, das Symbol des 1871 geeinten Deutschen Reiches. Wie eine Lichtgöttin umkreist sie auf einem Flügelrad, Blitzspuren hinterlassend, die im Wolkenmeer schwebende Erdkugel. In der Hand hält

Bild 23: Erstes Firmenzeichen der AEG.
Entwurf: Ludwig Sütterlin, 1894

sie wie eine Fackelträgerin eine brennende Glühlampe vor dunklem Horizont.
Hier eine schwülstig-erotische Darstellung eines halbnackten Frauenkörpers, dort Reduzierung des Inhalts auf die zentrisch ins Bild gesetzte Glühlampe.
Während Sütterlin eine allegorisch-überladene, deutschtümelnde Gesamtgestaltung liefert, die das eigentliche Produkt zur Nebensache werden läßt, stellt Behrens eine sachlich klare, symmetrische Darstellung dagegen, die auch sprachlich auf die Herstellerfirma und das Produkt hinweist.

Anmerkungen zu den Aufgaben S. 99

1 Diese Aufgabe hat Projektcharakter. Hilfen durch den Lehrer/die Lehrerin, eventuell die Vermittlung eines Gespräches mit dem Designer einer Firma, sind angebracht. Die Betriebsbesichtigung einer Firma, die Wert auf Gestaltung legt, ist zu empfehlen.

2 Wenn Schriftzüge von Firmen zusammengestellt werden, ist es sinnvoll, Firmen mit gleicher Produktpalette zu vergleichen. Hier bietet sich die Gruppenarbeit mit abschließendem Vergleich der verschiedenen Produkte an.

3 Im Vordergrund der praktischen Aufgabe sollte die Beziehung der Buchstaben zueinander stehen. Auch geometrische Schmuck- und Rahmenelemente sind denkbar, um aus den Anfangsbuchstaben des Namens ein Markenzeichen zu entwickeln.

4 Für die damalige Zeit provozierte die These, die auch heute noch Gültigkeit hat. Auf die Frage des Stylings von Gegenständen kann hier schon eingegangen werden.

Weiterführende Anregung zur Unterrichtsgestaltung

Entwirf ein Plakat für ein Produkt im Stil des Konstruktivismus, wobei das Produkt vereinfachend dargestellt wird.
Die konstruktiven Formelemente sollen in Bezug zum dargestellten Produkt stehen.

Literatur:

Buddensieg, Tilmann/Rogge, Henning: Industriekultur. Peter Behrens und die AEG 1907–1914, Berlin 1990[3]
Selle, Gert: Designgeschichte in Deutschland. Eine Einführung. Frankfurt/Main 1994
Sembach, Klaus-Jürgen: 1910 – Halbzeit der Moderne. Van de Velde, Behrens, Hoffmann und die anderen. Ausstellungskatalog Westfälisches Landesmuseum Münster, Stuttgart 1992
Zwischen Kunst und Industrie. Der Deutsche Werkbund. Ausstellungskatalog der Neuen Sammlung München 1975, Stuttgart 1987

Woran erkenne ich ein Designobjekt? Uhren-Image

(S. 100/101 und 102/103)

Die Doppelseiten 100/101 und 102/103 bilden eine Einheit, da sie die drei wesentlichen Aspekte eines Designobjektes umfassen: die ästhetische, die praktische und die symbolische Funktion. Um den jeweils vorherrschenden Aspekt näher eingrenzen zu können, sind auf der folgenden Seite (LH, S. 69) die „Fragen an ein Design-Objekt“ zusammengefasst.
Dem ganzheitlichen Ansatz des Kapitels Design entsprechend, sind diese Funktionen am Beispiel der Uhr verdeutlicht. Dabei werden die wesentlichen Begriffe Form/Gestaltung, praktische Funktion, Gebrauchswert und Zusatzwert mit Hilfe des Buches erarbeitet.
Zunächst wird den Schülerinnen und Schülern am Beispiel der Taschenuhr, die den Blick ins Innenleben ermöglicht, die rein technische Funktion eines Produktes aufgezeigt. Diesen Faktor kann der Designer in der Regel nicht beeinflussen. Er muß sich mit den technischen Gegebenheiten auseinandersetzen, sie akzeptieren und eine angemessene Form dazu finden. Dieser Grundsatz wird mit dem bekannten Ausspruch: „Form follows function“ umschrieben. Die Gestaltung des Uhrengehäuses hängt vom Material ab, wie der Vergleich der Barockuhr aus Holz (100.2) und der Bahnhofsuhr aus Blech (100.3) zeigt. Während bei den drei tra-

Ästhetische Funktion
Fragen aus der Sicht des Betrachters

- Wie ist das Produkt gestaltet? (Aussehen)
- Aus welchem Material besteht es? (Holz, Eisen, Kunststoff, Textilien, Kombination verschiedener Stoffe ...)
- Welche Oberfläche hat das Material? (stumpf, matt, glänzend, glatt, rauh, geriffelt ...)
- Wird Material nachgeahmt, imitiert? (z. B. Holz wird durch Kunststoff ersetzt)
- Welche Farbe hat das Produkt, bzw. haben die Teile? Wie stehen die Farben in Beziehung zueinander? (Kontraste)
- Aus welchen Einzelteilen besteht das Produkt?
- Welche Formen haben die Einzelteile? (rund, eckig, kantig, weich, offen, geschlossen ...)
- Wenn das Produkt beschriftet ist: Welches Verhältnis hat die Schrift zum Objekt?
- Wie ist der Gesamteindruck, die Beziehung von Farbe, Material, Oberfläche, Einzelteile zueinander (übersichtlich, verwirrend ...)

Praktische Funktion
Fragen aus der Sicht des Benutzers

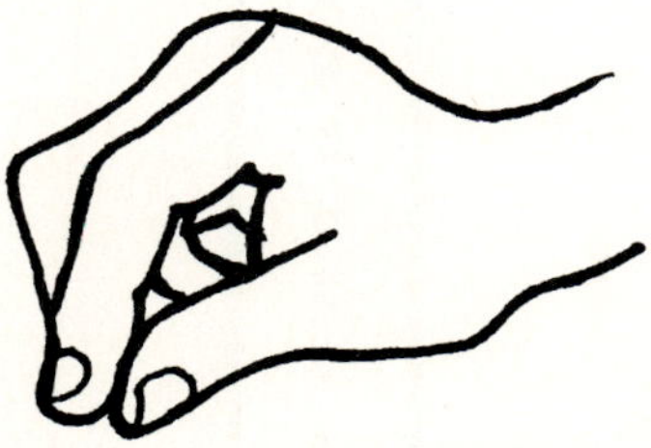

- Was kann man mit dem Produkt machen, wozu dient es, welchen Zweck hat es, welchen Gebrauchswert hat es?
- Was kann es gut/nicht so gut/gar nicht?
- Ist die technische Funktion zu erkennen oder wird sie durch Verkleidungen versteckt?
- Wie funktionieren die Teile im Zusammenspiel?
- Welche Teile passen sich gut/schlecht den menschlichen Bedingungen an? (handlich, unhandlich, gut/schlecht sichtbar, Verletzungsgefahr)
- Was kostet das Objekt im Vergleich zu anderen?
- Ist die Verpackung nötig, sinnvoll, leicht zu entsorgen?
- Wie reparaturfreundlich ist das Objekt? (gut/schlecht/gar nicht)
- Wie ist es mit der Wartung, der Pflege des Objektes? (aufwendig, leicht, kostspielig ...)
- Wie sind die Lagerungs-, Aufbewahrungsmöglichkeiten? (stapelbar, sperrig, zum Lagern leicht auseinanderzunehmen? ...)
- Welche Lebensdauer hat das Objekt?
- Wie kann das Objekt recycelt werden? Kann man es zum Recyceln leicht auseinanderbauen? Welche Teile sind leicht, welche schwer wiederzuverwerten?

Symbolische Funktion
Fragen aus der Sicht des Besitzers

- Welchen Zusatzwert hat das Produkt? Was vermittelt es dir?
- Welches Image hat der Gegenstand? (ungewöhnlich, modern, altmodisch, originell, elegant, edel, schlicht, jugendlich, sportlich, technisch ...)
- Welche Gefühle sind indirekt mit dem Produkt verbunden?
- Zu welcher Gruppe/Schicht von Menschen gehört man, wenn man das Produkt besitzt? (Jugend, Alter, Schüler, Student, Arbeiter, Angestellter, „Szene" ...)

Kopiervorlage „Fragen an ein Designobjekt"

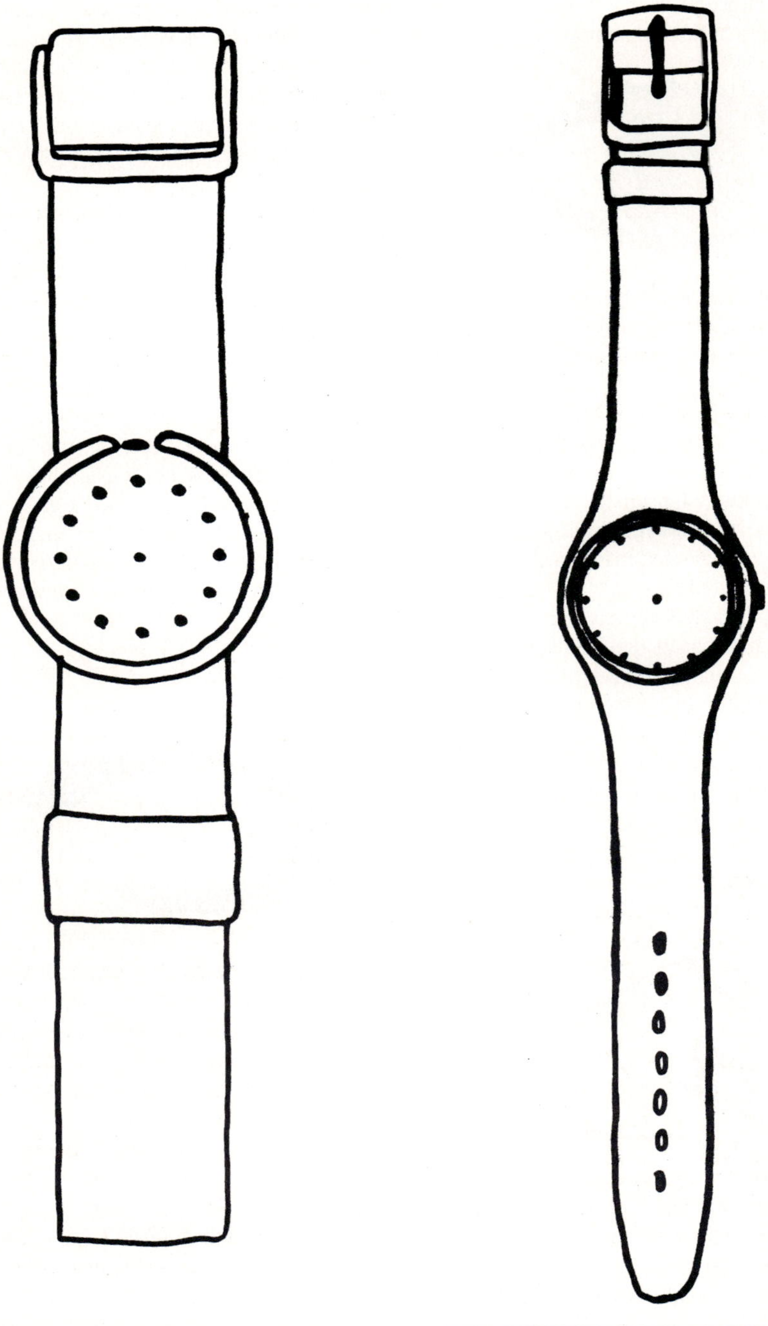

Bild 24.1/2: Blankozeichnungen einer Armbanduhr

ditionellen Uhrenbeispielen auf Seite 100 noch die Kreisform für das Ziffernblatt gewählt ist, zeigen die modernen Armbanduhren (102.1–8) auch rechteckige Formen.

Der Aspekt der Ergonomie, der für die Schüler noch unbekannt sein dürfte, läßt sich am Beispiel der Ablesbarkeit der Uhrzeit verdeutlichen. Die Bahnhofsuhr muß schnell und aus großer Entfernung wahrgenommen werden können. Dies ist bei einer Taschenuhr (100.1) nicht gegeben. Auch einige Beispiele der Armbanduhren auf S. 102 stellen nicht die rasche Ablesbarkeit der Uhr, also den praktischen Aspekt, in den Vordergrund, sondern betonen mehr die ästhetische Funktion (102.5 und 102.8). Besonders bei der Gestaltung des Ziffernblattes hat der Designer die größere Entscheidungsfreiheit.

Zur Einführung in die ästhetische und symbolische Funktion eines Produktes eignet sich besonders die Uhrenwerbung der Firma Swatch (101). Hier wird ein Uhrenmodell mit Malpinseln gebündelt dargestellt. Der Pinsel als Mittel zur Gestaltung eines Kunstwerkes wird mit der Uhr auf eine Sinnebene gesetzt. Damit wird gezielt der ästhetische Anspruch der Gestaltung der Swatch-Uhren angesprochen. Ihre Träger zeichnen sich als kreative, künstlerische Menschen aus (Besitzerfunktion).

Die Abbildung 102 macht Uhren-Images mit sprachlichen und bildlichen Mitteln deutlich. Hier soll den Schülerinnen und Schülern deutlich werden, daß ein Produkt nicht nur eine technische Seite hat, sondern eine Ästhetik „mitgeliefert" bekommt, die man auch als der „Ware angedichteter Schein zur Verkaufsförderung" bezeichnet hat (Haug), heute umschrieben mit symbolischer Funktion. So dürfte die Uhr mit den römischen Ziffern (102.6) mit „nostalgisch" und „extravagant" umschrieben und der spanischen Flamencotänzerin zugeordnet werden (103.2). Die Armbanduhr mit dem Palmenmotiv (102.2) ist „ungewöhnlich" und „originell" und entspricht dem Lifestyle der jungen Leute in 103.1. Die kombinierte Stop-Armbanduhr (102.2) ist „sportiv" und dem Sportler in 103.3 zuzuordnen. Hier hilft uns allerdings nicht nur das Motiv des Sprinters, sondern auch der ergänzende Schriftzug „Moments" und die sprachliche Erläuterung der Start-/Stop-Funktion direkt auf der Uhr.

Exkurs: Kurze Geschichte der Swatch-Uhren

Die Schweizer Uhrenindustrie rutschte in den siebziger Jahren in eine tiefe Absatzkrise. Das Ausfuhrvolumen reduzierte sich in 10 Jahren um die Hälfte auf 43 Millionen Stück im Jahr 1983. Der schweizerische Anteil am Weltmarkt verringerte sich von 43 auf unter 15 Prozent.

Nachdem die Schweizer Uhrenindustrie einen technischen Wettbewerb gegen Japan mit der flachsten Quarzuhr der Welt (nur 0,98 mm hoch) gewonnen hatte, stellte sich die Vorgängerfirma von Swatch die Aufgabe, die *„Entwicklung einer möglichst kostengünstigen Uhr ... mit Kunststoffgehäuse und mit einer einheitlichen Basis für Damen- und Herrenmodelle"* zu entwickeln. Die Einzelteile einer Quarzuhr wurden von 91 auf 51 Stück reduziert. Die weitere Konzeption beschreibt die hauseigene Schrift:

„Einfach eine gute Uhr machen reicht nicht. Um genügend Freunde zu finden, braucht sie ein passendes Gesicht: sie soll frech und fröhlich, heiß im Design und aggressiv im Preis sein, High-Tech-Appeal haben und eine innovative Botschaft verbreiten."

(Swatch, 1992)

Nach schwierigen Anfangsjahren gelang Swatch 1984 der Durchbruch. Die Modelle erhielten jetzt kreative Namen, wirkten persönlich und aktuell. Die Umsatzzahlen sprechen für das „richtige" Konzept: 1992 wurden ca. 100 Millionen Uhren verkauft. Der Schweizer Anteil am Weltuhrenmarkt stieg wieder auf 53 Prozent.

Aus fünfhundert 1:1-Entwürfen werden jährlich siebzig Modelle ausgewählt und produziert. Mit einem ausgeklügelten Vertriebssystem gewinnt man immer mehr Kunden und motiviert die bisherigen, neue Modelle zu kaufen. So gibt es seit 1993 eine Collector-Swatch, die man nur über einen Mitgliedsbeitrag erwerben kann. Dafür erhielt man 1992 einen 374seitigen Katalog, der alle bisher erschienenen Modelle in 1:1-Größe zeigt. 1993 konnte man ein limitiertes Modell zum Preis von DM 2000,– nur dann kaufen(!), wenn man in einem Preisausschreiben die Kaufberechtigung gewann. Daß auch Künstler wie Keith Haring und Sam Francis Art-Swatches entwerfen, versteht sich von selbst. Inzwischen sind zahlreiche Modelle nur auf dem Sammlermarkt zu bekommen. Die Firmenschrift faßt die Verkaufsideologie folgendermaßen zusammen:

„Die Swatch entpuppt sich als die richtige Uhr zur richtigen Zeit. Sie steht für Lifestyle und Freizeit, für Plausch und Spiele. Sie wechselt ihre Modelle im Rhythmus der Mode. (...)
Das einzige, was sich an der Swatch nicht ändert, ist, daß sie sich immer ändert... Als die Swatch lanciert wurde, erklärten ihre Väter sie zur Zweituhr. Heute ist sie viel mehr: Die Swatch ist Erst-, Zweit-, Drittuhr und Sammlerstück".
(Swatch, 1992)

Diese Aussagen verdeutlichen einen Aspekt, der auf jeden Fall aufgearbeitet werden muß. Die regelmäßige Neuproduktion führt zu einem Konsumrausch, der alle Aspekte der Ökologie außer acht läßt. In diesem Zusammenhang sprechen Kritiker auch von „Konsumschrott". So überdauern die Plastikarmbänder in der Regel nicht eine Saison. Die Ersatzarmbänder sind neutral und stehen gestalterisch nicht im Bezug zur Uhr. Also kauft man sich eine neue, aktuelle Uhr oder trägt die Uhr, ähnlich wie eine Krawatte, nur zu bestimmten Kleidungen oder Anlässen.

Am Beispiel der Swatch-Uhren läßt sich nicht nur die symbolische Funktion eines Designobjektes verdeutlichen. Trotz der angesprochenen Problematik des Firmenkonzeptes sollte man es nicht versäumen, sich mit der ästhetischen Funktion der Swatch-Uhren auseinanderzusetzen.

Folgende grundlegenden Gestaltungsaspekte lassen sich herausarbeiten:

- traditionelle Ziffernblattgestaltung, sachlich, klar, übersichtlich
- totale Vernachlässigung der Ablesbarkeit der Uhrzeit: Die Ziffern werden entweder ganz oder teilweise weggelassen oder stark verfremdet
- lediglich das Ziffernblatt wird gestaltet, das Armband ist passend zum Ziffernblattmotiv einfarbig
- Ziffernblatt und Armband sind gestaltet; sie bilden optisch eine Einheit, können aber auch ohne Bezug zueinander stehen
- häufig wird ein Motiv, oft eine durchgängige Struktur, über Armband und Uhr gelegt (102.8)
- in der Regel sind die Gestaltungsmotive ausgefallen in Form und Farbe. Sie können gegenständlich (Abb. 102.2) oder aber auch abstrakt sein. Collagen verschiedener Motive und Techniken sorgen für visuelle Innovation.

Anmerkungen zu den Aufgaben S. 103

2 Einen hohen Gebrauchswert durch eine schnelle Ablesbarkeit der Uhrzeit haben 102.4 und 102.7. Einen ausgesprochen symbolischen Wert haben die Uhren 102.1, 102.7. Nostalgisch-konservativ wirken 102.3, 102.6 und ausgefallen, auffällig im aktuellen Lifestyle sehen 102.1, 102.2 und 102.8 aus. Die angegebenen Adjektive dürften zur Beschreibung des symbolischen Wertes der eigenen Uhren ausreichen.

4 Gegenstandsbeschreibungen sind den Schülerinnen und Schülern vom Fach Deutsch her bekannt. In der Regel werden dann aber nicht die angegebenen Aspekte eines Designobjektes behandelt. Deshalb empfiehlt es sich, vor der selbständigen Bearbeitung dieser Aufgabe die „Fragen an ein Designobjekt" (LH, S. 69) zu besprechen. Die drei wesentlichen Funktionen eines Designobjektes sind hier in Fragen und teilweise mit möglichen Beispielantworten in Klammern erläutert.
Als „Muster" für sprachliche Formulierungen kann die Analyse des Rennrades von Luigi Colani dienen, die auf S. 73 zusammengefaßt ist.

Weiterführende Anregungen zur Unterrichtsgestaltung

Die abgebildeten Blankozeichnungen einer Swatch-Uhr (LH, Bild 24.1/2) können zu Gestaltungsversuchen kopiert werden. Dazu sollten zunächst mögliche Grundformen der Uhrengestaltung (s. o.) besprochen werden.

Literatur:

Bartels, S.: „Die andere Uhr – Swatch", Wien 1993
Haug, Wolfgang: Kritik der Warenästhetik, Frankfurt/Main 1971
Swatch-Katalog: 1989–1992, Biel 1992

Beispiel einer Objektanalyse

Prototyp eines Rennrades, Entwurf: Luigi Colani

Ästhetische Funktion

Fragen aus der Sicht des Betrachters

Das Rennrad besteht aus einem Metallrahmen in der Farbe Türkis. Die Oberfläche des Rahmens ist glänzend. Der Sattel und die Handgriffe sind aus schwarzem Kunststoff und haben eine stumpfe Oberfläche. Die schwarzen Felgen bestehen aus Metall, ebenso die Speichen.

Die Reifen werden aus Gummi gefertigt sein. Auf der Abbildung fehlen der Vorderreifen, das Tretlager mit den Pedalen und die Antriebsmechanik. Der Kontrast Türkis–Schwarz bestimmt die äußere Gestaltung des Rennrades. Der Rahmen des Rades erscheint wie aus einem Guß. Lediglich die Vorderradgabel ist eingelassen. Von dieser Gabel zweigen auch die Handgriffe ab. Die Kunststoffgriffe sind über das Metall gezogen.

Der Rahmen wird aus zwei fast gleichschenkligen Dreiecken gebildet, die von der Pedale zum Sattel eine gemeinsame Seitenlinie bilden. Die Querstange vom Sattel zum Lenker bildet eine nach vorne geneigte leichte Schräge. Sie ragt nach rechts über den Sattel hinaus. Auf der Querstange ist der Schriftzug Colani in Gold aufgetragen.

Verlängert man die Querstange über das Lenkrad hinaus, so entsteht ein spitzwinkliges Dreieck, das der dynamischen Bewegungsrichtung eines rasenden Rennradfahrers entspricht.

Praktische Funktion

Fragen aus der Sicht des Benutzers

Das Fahrrad ist eindeutig als Rennrad zu bezeichnen. Für den öffentlichen Verkehr dürfte es nicht zugelassen sein, da wesentliche Elemente fehlen: Lampe, Luftpumpe. Auch für Tourenfahrten ist es ungeeignet, da ein Gepäckträger nicht vorhanden ist. Die technische Funktion der Kraftübertragung kann nicht beurteilt werden, da sie auf der Abbildung fehlt. Der Vorgang des Lenkens wird jedoch durch die eingelassene Gabel in den Rahmen deutlich. Der Sattel hat die typische Form von Rennsätteln, die ihre Aufgabe, längeres beschwerdefreies Sitzen zu ermöglichen, erfüllen dürften. Neu ist die Anordnung der Lenkung, die wahrscheinlich gewöhnungsbedürftig ist. Da Schaltung und Bremse nicht montiert sind, kann über ihre praktische Funktion nichts gesagt werden..

Das Rad macht einen stabilen, haltbaren Eindruck. Lediglich die Dreiecksgabel vom Sattel zum Tretlager und zum Hinterrad wirken im Vergleich zu den anderen Metallteilen zerbrechlich, über die Qualität des verwendeten Metalls können keine Angaben gemacht werden. Die glänzende Oberfläche des Rahmens ermöglicht leichtes Putzen, da es vorwiegend glatte und runde Formen gibt. Zum Recyceln reicht eine einfache Demontage der Einzelteile aus. Der Kunststoffsattel und die Handgriffe sind ebenfalls leicht vom Metall zu trennen. Metallteile und Gummi sind wiederzuverarbeiten. Eine Wiederverwendung der Kunststoffteile hängt von deren chemischen Zusammensetzung ab.

Symbolische Funktion

Fragen aus der Sicht des Besitzers

Das Rennrad macht durch die geneigte Form einen dynamischen Eindruck. Selbst im Ruhezustand scheint es nach vorne zu rollen. Es vermittelt Geschwindigkeit und Leichtigkeit. Die Farbe Türkis ist eine aktuelle Modefarbe. Der Gesamteindruck ist sportlich ausgefallen. Hierzu tragen besonders die nach vorn geneigten Lenkradgriffe bei. Mit diesem Rennrad dürfte der Besitzer auffallen.

Kopiervorlage „Objektanalyse“

Ein neuer Füller: Marktforschung und Konzeptidee Produktentwicklung und Werbung

(S. 104/105 und 106/107)

Die Seiten 104 bis 107 bilden eine Einheit. Sie umfassen den gesamten Prozeß der Entstehung einer Produktes vom Unternehmen bis zum Benutzer.
Bild 25 im LH ordnet dabei den Designprozeß in den komplexen Zusammenhang der Herstellung und des Gebrauchs eines Produktes ein. Neben dem Designprozeß ist der Produktions-, Gebrauchs- und Recyclingprozeß zu unterscheiden.
Der Design-Prozeß (großer Punkt) wird aus unternehmerischer Sicht bestimmt durch die Designabteilung selbst und durch die Marketing- und Konstruktionsabteilung. Dieser Prozeß führt schließlich zum Prototyp. Gleichzeitig ist aber auch die Werbung in Abhängigkeit von der Designabteilung zu koordinieren. Nicht immer werden die Aufgaben aller Bereiche im eigenen Hause durchgeführt. Besonders die Werbung und die Marketingaufgaben werden oft nach außen vergeben. Die Grafik verdeutlicht auch den erst seit einigen Jahren ins Interesse gerückten Recycling-Prozeß.
Die Übersicht dient lediglich der Information des Lehrers und sollte in den Jahrgängen 7/8 nicht als Arbeitsblatt eingesetzt werden, da sie für die Schüler eine Überforderung darstellt.
Das vorliegende Bildmaterial im Schülerbuch zum Thema Designprozeß hebt folgende Aspekte hervor: Marketing (104), Design (105, 106.1), Konstruktion, Prototyp (106.2), Werbung für Händler und Benutzer (107.1–4).
Es ist äußerst schwierig, an entsprechendes Material zu gelangen, da die Firmen ungern ihre Marketingstrategien offenlegen. Insgesamt wurden 1991 in der Bundesrepublik 10 Millionen Schul- und Jugendfüllhalter verkauft. Der Marktanteil der Firma Pelikan betrug 32 Prozent, damit ist sie führender Hersteller in diesem Bereich (Quelle: Werbebroschüre der Firma Pelikan).
Die Abbildung 104 im Schülerbuch zeigt, welche Füllerarten für Jugendliche im Jahre 1991 auf dem Markt sind. Es überrascht die breite Palette des Angebotes. Nach der Befragung von Jugendlichen legt die Firma die Zielgruppe des neuen Füllers fest: Er ist für Jugendliche an der Grenze vom Jung- zum

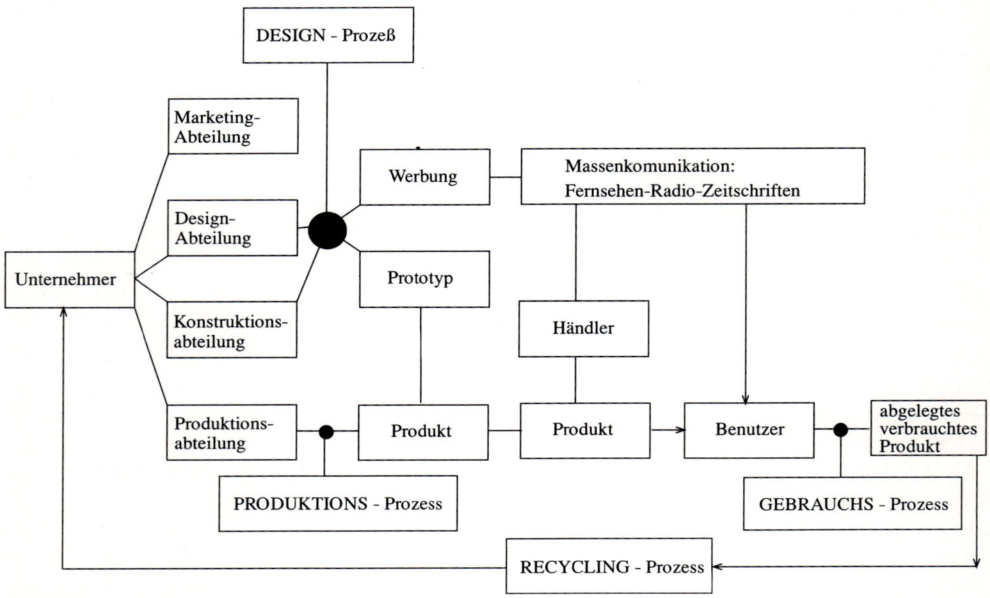

Bild 25: Aspekte des Designprozesses, nach Löbach. Bearbeitung: F. Niggemeier

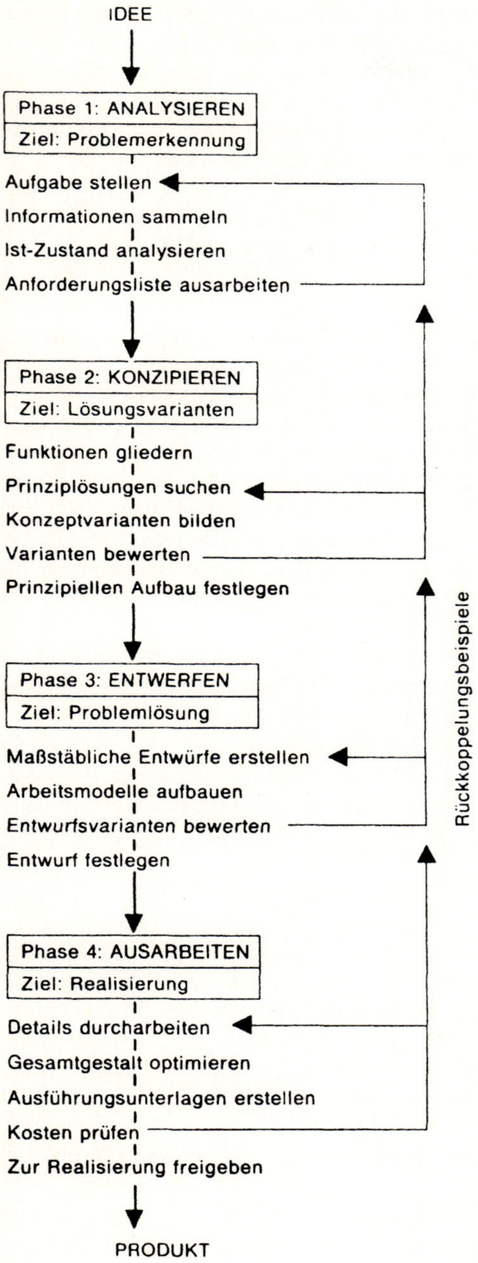

Bild 26: Der eigentliche Designprozeß: Von der Idee zum Produkt (Ablaufschema mit Rückkoppelung)

Erwachsenensein gedacht. Erst zu diesem Zeitpunkt setzt der eigentliche Design-Prozeß ein, dessen einzelne Schritte in Bild 26, LH dargestellt sind. Die hier aufgezeigten Rückkoppelungen zwischen den einzelnen Design-Schritten **Analysieren, Konzipieren, Entwerfen** und **Ausarbeiten** können z. T. am Beispiel des neuen Pelikanfüllers verdeutlicht werden. Es gibt einen ständigen Dialog nicht nur zwischen den Abteilungen des Unternehmens, sondern auch mit den potentiellen Kunden. Die Varianten des Clips und der Farbgebung verdeutlichen dies.

Nach der Realisierung des Prototyps und der Freigabe zur Produktion setzt die Konzeptionsphase der Werbekampagne ein: Ausgangspunkte sind die Namensgebung, zu der wiederum Jugendliche befragt wurden, die Entwicklung des Markenzeichens (107.3) und die Gestaltung der Verpackung (107.4).

Hierauf beziehen sich die Werbespots im Fernsehen, ein Preisausschreiben in Jugendzeitschriften und schließlich die großformatige Schaufensterdekoration (107.2), die dem Handel zur Verfügung gestellt wird. Hier kommt der potentielle Käufer erstmalig direkt in Kontakt mit dem neuen Füller. Schließlich gibt der Hersteller Argumentationshilfen für den Verkäufer vor Ort (107.1).

Anmerkungen zu den Aufgaben S. 107

1 Die Beantwortung der Frage ergibt sich aus dem Text. Bild 26 im LH kann in vereinfachter Form hinzugezogen werden.

2 Wesentlich ist die extrem starke Vergrößerung des Details. Sie erst macht Unklarheiten in der Form sichtbar. Bei der Entwicklung von Alternativen ist auf den Scribble-Charakter der Entwürfe hinzuweisen, ähnlich wie es die Abbildung 105 zeigt.

Literatur:

Heufler, Gerhard: Produkt-Design. Von der Idee zur Serienreife, Linz 1987

Löbach, Bernd/Schmidt, Helmut: Was ist Industrial Design? Hrsg.: Internationales Design-Zentrum Berlin/Rat für Formgebung Darmstadt, Braunschweig 1976

Radrennen: Fotografiert und gemalt

(S. 108/109)

Die Seiten 108 bis 111 sind insofern zusammengehörig, als daß sie zum Ziel haben, die Aufgaben des **Grafik-** oder **Kommunikations-Designs** induktiv mit den Schülern zu erarbeiten. Bereits in der Einleitung zum Design-Kapitel (S. 95) werden in den Abbildungen 95.4–7 bildlich die verschiedenen Aspekte herausgestellt.

Die Doppelseite mit dem Motiv des Radrennens soll den Begriff der Absicht eines Bildproduzenten herausstellen. Dies geschieht am einfachsten mit demselben Motiv.

Gemeinsamkeiten und Unterschiede zwischen den Bildern sollte man im Unterrichtsgespräch oder in der Gruppenarbeit herausarbeiten:

- Die Fahrtrichtung verläuft von links nach rechts, beim Foto zufällig, bei Feininger so gewollt, unserer Schreib- und Leserichtung entsprechend
- Die Bewegungsrichtungen unterscheiden sich: links leicht ansteigend, rechts parallel zum unteren Bildrand
- es sind jeweils vier Rennfahrer zu sehen, beim Foto zufällig angeschnitten schräg von hinten aufgenommen, beim Kunstwerk ist der vordere Fahrer ganz zu sehen, die anderen sind flächig dahinter gestaffelt
- beim Foto ist rechts noch „Platz“, der Künstler dagegen sorgt für eine ausgewogene Flächenaufteilung
- Bewegung wird beim Foto durch das Mitziehen der Kamera und langer Belichtungszeit verdeutlicht, Feininger zerlegt die Formen prismenartig und bringt dadurch Dynamik zum Ausdruck.

Als Erweiterung des Vergleiches bietet sich das Veranstaltungsplakat zum 6-Tage-Rennen an (110.1).

Weiterführende Anregungen zur Unterrichtsgestaltung

1 Vergleicht die Abbildungen zum Radrennen unter folgenden Fragestellungen:

- Was haben die Abbildungen gemeinsam?
- Wodurch unterscheiden sie sich?
- Mit welchen Mitteln wird die Stimmung eines Radrennens zum Ausdruck gebracht?
- Wie wird die Geschwindigkeit dargestellt?

2 Untersucht weitere Fotos zum Thema Radfahren, z. B. aus Fahrrad-Zeitschriften.

Rund ums Rennrad: Werbung und Wissen

(S. 110/111)

Ziel dieser Doppelseite ist es, die drei Aspekte des Grafik- oder Kommunikationsdesigns, wie sie in 111.2 dargestellt sind, herauszuarbeiten:

Beim Veranstaltungsplakat (110.1) zum 6-Tage-Rennen handelt es sich um Wirtschaftswerbung. Die Darstellung der Rennfahrer appelliert an unser Gefühl, unseren Wunsch, dabeizusein. Unser Verhalten soll beeinflußt werden, wir sollen zur Veranstaltung gehen und diese mitfinanzieren. Denn nur durch große Zuschauerzahlen ist solch ein Ereignis zu finanzieren.

110.2 ist einer Fachzeitschrift für Mountain-Bikes entnommen. Hier geht es um Information über eine neu konzipierte hydraulische Scheibenbremse für ein Fahrrad. Neben der sprachlichen Erläuterung gibt die Grafik anschaulich die Funktionsweise dieser Bremse wieder. Der Text wird durch das Bild ergänzt. Hier lernt der Betrachter etwas, er erfährt etwas Neues.

Die beiden Piktogramme (111.1) abstrahieren die Darstellung eines Fahrrades. Der Vergleich mit den Rennrädern auf dem Veranstaltungsplakat (110.1) zeigt dies. Welche der beiden Lösungen besser wahrgenommen wird, sollte man durch Vergrößerungskopien prüfen lassen.

Schnelle Orientierung ist die Absicht. Alles Unwesentliche wird weggelassen.

Anmerkungen zu den Aufgaben S. 111

1 Ausgangspunkt der Entwürfe können realistische Darstellungen sein, beispielsweise ein Schmetterling für den Biologieraum. Die Abbildung muß dann im Sinne eines Piktogrammes vereinfacht werden.

Bild 27: Von Schülern entwickeltes Orientierungssystem für die Gesamtschule Fröndenberg

Dies ist vor allem eine Aufgabenstellung, die sich für ein Projekt anbietet. Bild 27 (LH) zeigt ein fertiges Orientierungssystem, das von Schülerinnen und Schülern der Gesamtschule Fröndenberg (Ruhr) im Sinne des Kommunikationsdesigns entworfen wurde.

2 Da es hier um Wertungsfragen geht, sollte man einfache Beispiele suchen. Geeignet sind Gebrauchsanweisungen für Produkte, zu denen die Schüler Bezug haben: Walkman, CD-Player. Mögliche Fragenstellungen: Wie trägt die Zeichnung zum Verständnis bei? Wo gibt es Unklarheiten? Worin liegen diese Probleme? Was könnte man besser machen?

Literatur:

Seitz, Fritz: Was ist Grafik-Design? Hrsg. Internationales Design-Zentrum Berlin, 1977

Urban, Dieter: Anzeigen gestalten, München 1992 (Novum-Praxis)

Text und Bild gut verteilt

(S. 112/113)

Der Titel der Doppelseite weist bereits auf das Thema Layout hin. Diese Seite ist als abgeschlossene Sequenz anzusehen. Man kann jedoch auch an die Aufgaben des Grafik- und Kommunikationsdesigns (111.2) anknüpfen. Hier geht es um Meinungslenkung über das Gefühl. Jede Zeitschrift hat ihr typisches Layout, mit dem sie ihre Botschaft verstärkend an die Zielgruppe bringen will.

Nicht immer sind die Strukturen so leicht zu erkennen, wie sie die Schemata auf S. 113 zeigen, denn die Bezüge gehen nicht nur vom Mengenverhältnis und der Anordnung von Bildern und Texten aus, sondern sind häufig komplexer, wie die Analyse der Seite einer Jugendzeitschrift S. 112 deutlich macht. Besonders Jugendzeitschriften arbeiten mit „unruhigen" Layouts, um dem Lifestyle der dargestellten Stars zu entsprechen. Deshalb werden häufig Fotos miteinander kombiniert, angeschnitten oder überlappt, Überschriften und Textblöcke gekippt.

Um den Schülern die Entstehung eines Layouts zu verdeutlichen, empfiehlt es sich, mit Hilfe einer Folie zunächst die Umrißlinien der Figuren, Bilder, Überschriften und Textblöcke nachzuzeichnen, wie es in 112.2 zu sehen ist. Dies lenkt den Blick auf das Wesentliche, läßt die Struktur der Seite besser „durchscheinen". Die Elemente sind drei Fotos, von denen die beiden kleineren eingerahmt sind, eine Schlagzeile und ein großer Textblock am rechten Rand.

Damit diese Strukturanalyse jedoch nicht nur formal bleibt, gilt es, Beziehungen zwischen den einzelnen Layout-Elementen herzustellen. Dies wird in 112.3 deutlich. Alle Elemente weisen auf den groß abgebildeten Kopf des Stars hin, der sich im Schnittpunkt mehrerer Bildlinien befindet. So zielt die leicht geneigte Überschrift auf ihn. Verbindet man die kleinen Fotos miteinander, so verläuft die Bilddiagonale wiederum auf den Kopf des Sängers. Wie von Scheinwerfern ausgeleuchtet, steht er nicht nur auf der Bühne im Zentrum, sondern auch auf der Zeitschriftenseite. Damit der Text nicht an Bedeutung verliert, weisen die das Mikrofon haltende linke Hand und der linke Oberschenkel mit aufliegender rechter Hand auf den Textblock am rechten Rand. Ruhender Pol trotz aller Dynamik ist der Star der Gruppe, dessen senkrechte Körperlinie die Seite in ein Flächenverhältnis von 1 : 2 gliedert.

Anmerkungen zu den Aufgaben S. 113

1 Bei der Beschreibung von Zeitschriften-Layouts sollten Begriffe wie: mittenzentriert, kopflastig, symmetrisch, spaltenausgerichtet, Mengenverhältnis Bild–Text verwendet werden.

2 Die o. a. Methode bietet sich an, um unterschiedliche Layouts zu untersuchen. Die Schülerinnen und Schüler sollten arbeitsteilig nach ihren Interessen Zeitschriftenseiten analysieren: Computer-, Fahrrad-, Jugendzeitschriften. Die Struktur der Seite läßt sich am besten mit Hilfe von Transparentpapier erfassen.

3 Dieses Buch wurde dreispaltig und im Flattersatz gestaltet. Die Arbeitsbereiche, Seitenzahlen und Aufgabenstellungen sind farbig hervorgehoben. Ein Vergleich mit anderen bebilderten Schulbüchern bietet sich an.

Literatur:
Pawletko, Petra: Layouten, München 1992 (Novum-Praxis)
Salberg-Steinhardt: Die Schrift: Geschichte, Gestaltung, Anwendung. Ein Lern- und Lehrbuch für die Praxis, Köln 1983

Ein Plakat gegen den Hunger

(S. 114)

Vor einem möglichen Vergleich dieses politischen Plakates mit der Wirtschaftswerbung des Veranstaltungsplakates (100.1) sollte es losgelöst von formalen Zuordnungen zu Design-Klassifikationen besprochen werden.
Der Künstler wählt Alltagsgegenstände, die für uns eigentlich nichts Besonderes sind: Teller und Löffel. Sie stehen bei Piktogrammen z. B. für Essen, Mensa, Kantine. Durch die fast „unzähligen“ Löffel, die auf einen leeren Teller gerichtet sind, bekommen die Alltagsobjekte plötzlich eine neue, übertragene Bedeutung: nicht mehr Hinweis auf eine Eßgelegenheit, sondern Mangel an Nahrung für unzählige Menschen. Die konsequent zentrumsorientierte symmetrische Bildanordnung, sonst eher langweilig wirkend, erhält ihre Dramatik durch die am Bildrand angeschnittenen Löffelgriffe, die eine riesige Menge hungernder Menschen außerhalb des Bildfeldes erahnen lassen. Auch der Schwarz-Weiß-Kontrast trägt zur Steigerung der Wirkung bei. Der im Original rote Schriftzug „unicef“ am oberen Bildrand ist eher von untergeordneter Bedeutung. Die Strukturanalyse (114.2) dürfte für die Schüler leicht nachvollziehbar sein.

Anmerkungen zu den Aufgaben S. 114

1 Hier ist eine vorbereitende Auswahl durch den Lehrer angebracht. Selten findet man in Publikumszeitschriften politische Anzeigen mit solch klarer Aussage.

2 Ohne auf die Stilmittel der Fotomontage eingehen zu müssen – bei dem unicef-Plakat handelt es sich nicht um eine Fotomontage, auch wenn der Schriftzug einmontiert wurde, sondern um eine Fotografie von ausgelegten Gegenständen – sollte man das Motiv als Impuls zur Gestaltung der angegebenen Themen wählen. Die Reduzierung auf möglichst wenige Bildmittel trägt in der Regel zur Steigerung der Aussage bei.

Weiterführende Anregungen zur Unterrichtsgestaltung

1 Das Plakat wird in ein dreidimensionales Objekt übertragen. Auf einer mit Resopal beschichteten Holzplatte lassen sich die Gegenstände mit Sekundenkleber anbringen. Aufgehängt wird das Objekt in Bereichen der Schule, in denen gegessen wird, bzw. Essensreste „weggeworfen“ werden.

2 Vergleicht die Bildmotive der Doppelseite 114/115; links ein Plakat gegen den Hunger in der Dritten Welt, rechts Schülerinnen und Schüler der Ersten Welt am Computer. Diskutiert über das Thema: „Sollten wir auf Unterricht am Computer verzichten und für das eingesparte Geld lieber den hungernden Kindern helfen?“

Literatur:
Arnold, Friedrich: Anschläge. Politische Plakate in Deutschland 1900–1970, Frankfurt, Wien, Zürich 1979
Burkhardt, Hermann: Politische Plakate, Klett-Schulgalerie, Lehrerhilfe, Stuttgart 1974
Feuchtinger, Heinz-Werner: Plakatkunst des 19. und 20. Jahrhunderts, Arbeitstexte für den Kunstunterricht, Sekundarstufe II, Hannover 1977

1. Didaktisch-methodische Erläuterungen

Die Fotografie wird in Band Grundsteine Kunst 2 unter gestalterischen und inhaltlichen Gesichtspunkten behandelt. In Fortführung von Grundsteine Kunst 1 kommen der Begriff der Brennweite und der Standort des Fotografen als Mittel der Bildgestaltung hinzu, die, ebenfalls wie in Band 1, auch auf die Medien Film und Video übertragen werden können.

Inhaltlich wird die Fotografie in der Funktion eines historischen Dokuments vorgestellt – privat, stadtgeschichtlich und im Rahmen der Kunstgeschichte. Am Beispiel der Fotografie als Kunstwerk wird ein einfaches Werkbetrachtungsmodell eingeführt.

Die Bildfolge in Gestalt der Bildergeschichte nimmt im Aufbau des Kapitels eine Gelenkstelle ein. Sie kann als Unterrichtsgegenstand für sich allein stehen, stellt aber auch in der Funktion eines gezeichneten Drehbuchs (Storyboard) den Übergang vom Einzelbild zu den Medien Film/Video her.

Film und Video werden gemeinsam in einem Abschnitt behandelt, wobei der Film meist im Zusammenhang mit professioneller Produktion und historischen Verweisen gesehen wird und Video im Zusammenhang mit der Nutzung von Schülerinnen und Schülern für ein Videoprojekt. Die Darstellung der Gestaltungsmittel haben für beide Medien Gültigkeit. Dabei kommen die Kamerabewegung und die Technik der Bildverknüpfung zur Sprache, desweiterendas Playback-Verfahren.Hier werden die Kenntnisse zum elektronischen Schnitt und zur Nachvertonung aus Grundsteine Kunst 1 vorausgesetzt.

Ein wichtiger Aspekt dieses Kapitels ist die Notwendigkeit der Teamarbeit bei der vielteiligen Produktion in den Medien Film und Video.

Schülerinnen und Schüler lernen hier, ihre einzelnen Beiträge aufeinander abzustimmen, die Arbeitsschritte sachlich und zeitlich zu organisieren und die eigene Arbeit als Teil eines übergeordneten Ganzen zu sehen.

Wenn die Selbsteinschätzung der Schüler in einer solchen Teamarbeit weniger unter dem Gesichtspunkt der Rivalität als vielmehr des Einbringens eigener Fähigkeiten zum Gelingen des gemeinsamen Projekts erfolgt, bringt ein solches Unterrichtsvorhaben neben den fachlichen auch wichtige gruppendynamische Erfahrungen mit sich.

Die fotografischen Medien lenken den Blick auf die Erscheinung der materiellen Welt in ihrer Vielfalt und Detaillierung. Sie ergänzen sich besonders gut mit der Wortsprache, die abstrahiert und die gedanklichen Zusammenhänge betont. Der verbindende Ansatz zwischen den Fächern **Bildende Kunst** und **Deutsch** (Fremdsprachen) bietet sich deshalb in diesem Kapitel besonders an und ist in dem Videoprojekt „Die Bürgschaft“ (S. 120/121) im einzelnen dargestellt. Ein Beispiel für die Verbindung der bewegten Bilder mit **Musik** findet sich auf Seite 129.

2. Kommentar zu den Doppelseiten

Das Foto als Dokument

(S. 116/117)

Um Veränderungen in der Umwelt wahrzunehmen und gesellschaftliche Prozesse als deren Ursache zu erkennen, ist die persönliche Erfahrungswelt des Schülers als Ausgangspunkt gewählt. Dabei dient das historische Fotodokument als Einstieg. Das selbstgefertigte Foto ermöglicht ein aktives Teilhaben an den Prozessen und das Verarbeiten solcher Veränderungen.

Die historischen Aufnahmen zeigen einen Stadtbezirk mit teils öffentlichem (Gasthaus), überwiegend aber privatem (Miethäuser und Gärten) Charakter, wo man dauerhafte nachbarliche Beziehungen der Bewohner annehmen kann.

117.1 zeigt ein Haus an der ehemaligen Bahnhofstraße, das zum Zeitpunkt der Aufnahme, 1960, wegen des Bahnhofneubaus abgebrochen wird.

Die Neugestaltung des Bahnhofsplatzes, wie er sich in 116.1 zeigt, erfolgte 1990. Seine Funktion als öffentlicher Raum erzeugt an diesem Ort jetzt eher vielartige und flüchtige Begegnungen; das alte Ehepaar Kieser lebt heute völlig isoliert in seinem „übriggebliebenen“ Haus.

Brennweite und Bildgestaltung

(S. 118/119)

In dem Band Grundsteine Kunst 1 werden zum Thema „Eigenschaften des fotografischen Bildes" die Einstellungsperspektive, die Einstellgröße, Kamera- und Handlungsachse sowie Licht und Beleuchtung dargestellt. In der Weiterführung dieser Reihe grundlegender Gestaltungsmittel der Fotografie wird in Grundsteine Kunst 2 die Brennweite behandelt (S. 118), die den Bildausschnitt, die Abbildungsgröße, die Tiefenschärfe und die Raumwirkung bestimmt.
Die Werkbetrachtung (S. 119) nimmt alle diese Merkmale einer fotografischen Gestaltung auf und bündelt sie zu einer inhaltlichen Betrachtung.

Anmerkungen zu den Aufgaben S. 118

3 Lösungsschema für die Abbildungen im Kapitel Foto–Video, 118.1-3

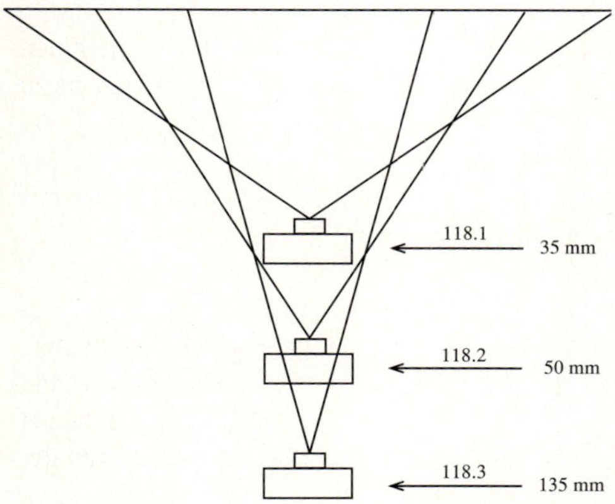

Bild 28: Skizze zur Standort- und Brennweitenveränderung

Anmerkungen zu der Aufgabe S. 119

1 Albert Renger-Patzsch gilt als einer der bedeutendsten deutschen Fotografen. Er verstand das fotografische Bild als ein unbestechliches Dokument der sichtbaren Welt, die Kamera als objektives Auge. Deshalb wird er heute als ein Vertreter der Kunstrichtung „Neue Sachlichkeit" angesehen. Besonders seine Bilder aus dem Ruhrgebiet zeugen von dieser Auffassung. In dieser Bildserie von 1928–1932 stellt er die Landschaft und deren Architektur im Wandel einer Zeit um sich greifender Industrialisierung dar und erfaßt so in diesen Fotografien Vergangenheit, Gegenwart und Zukunft als zeitgeschichtlichen Prozeß. Albert Renger-Patzsch setzte sich durch die betonte Ästhetisierung seiner Bildgestaltung (LH, Bild 29) aber auch den Angriffen der Vertreter der Neuen Sachlichkeit aus, die kritisierten, daß seine Bilder nur „schön" seien und er die harte, oft erdrückende Alltagswirklichkeit v. a. der Arbeiter ausklammere. Renger-Patzsch unterrichtete seit 1933 an der Folkwangschule in Essen und hatte bald ein Heer von Nachahmern seines erfolgreichen fotografischen Stils.

Das dreistöckige Haus mit seiner spiegelbildlichen Gliederung ist wohl für 6 kleine Wohnungen ausgelegt – ungewöhnlich für ein freistehendes Haus im offenen Gelände. Die fensterlose Giebelwand deutet auf eine mögliche Fortsetzung dieser Bauweise hin; zwischenzeitlich wird die Wand zur Straße hin als Reklamefläche genutzt. Der Kamin im Schuppen läßt ein externes Bade- und Waschhaus vermuten, die Drahtleitung den Anschluß ans Stromnetz. Diese und viele andere Details auf dem Foto beschreiben eine typische Form des Arbeitermietshauses im Ruhrgebiet zu Beginn des 20. Jahrhunderts. Schnelle Ausweitung der Baulanderschließung an den Rändern der Ballungszentren als Folge des starken Zuzugs von Arbeitskräften für die expandierende Industrie und möglichst hohe Rendite mit der Ware „Wohnung" bestimmen Bauweise und Gestaltung der Architektur. Diese allgemeine Entwicklung der Region und die Lebensweise im Alltag ihrer Bewohner verdichten sich in dieser Fotografie.

Literatur:

Kastorff-Viehmann, R.: Wohnungsbau für Arbeiter – Das Beispiel Ruhrgebiet bis 1914; Aachen 1981
Renger-Patzsch, Albert: Die Welt ist schön; Dortmund 1992

Bild 29: Albert Renger-Patzsch: Lübecker Hochofenwerk, Winderhitzer. 1927

Schiller, ein Filmautor Das Klassenzimmer als Studio

(S. 120/121)

Es entspricht der Eigenart von Film und Video als mehrkanaligen Medien (Bild, Wort, Musik und Geräusch), wenn sie im Unterricht fächerübergreifend behandelt werden.

Die Produktion eines Films geschieht in einer Folge von sehr unterschiedlichen Arbeitsschritten über einen längeren Zeitraum hinweg. Um den Schülerinnen und Schülern bei der Lektüre dieses Abschnitts den Zusammenhang der getrennt behandelten Schritte immer vor Augen zu halten, wird der Gesamtkomplex Film/Video in einer Projektbeschreibung dargestellt, die als „Rahmenhandlung" dient. Im Verlauf dieses Projekts entsteht eine Bildergeschichte und ein Videofilm, denen alle Buchabbildungen in diesem Abschnitt, die von Schülerarbeiten stammen, entnommen sind.

Als Textvorlage für das Projekt wurde Schillers Ballade „Die Bürgschaft" eingesetzt. Die Textgattung Ballade eignet sich gut als Filmstoff, weil darin epische und dramatische Strukturen verbunden sind. „Die Bürgschaft" bietet dazuhin noch einen linearen und aktionsreichen Handlungsverlauf, der dem Einstieg in eine Spielfilmproduktion und dem literarischen Verständnis der Klassenstufe 7 und 8 entgegenkommt.

Um von dem Balladentext zu einem Drehbuch zu kommen, muß das Textbild der Ballade in die einzelnen Spalten BILD, DIALOG, GERÄUSCH umgewandelt werden (LH, Bild 30).

Der Aufbau des Projekts macht es möglich, das Ergebnis jedes Arbeitsschrittes als Abschluß zu betrachten und somit die Teile als selbständige Lerneinheiten zu verwenden. Ziel muß also nicht der abgeschlossene Spielfilm sein, auch die Bildergeschichte oder der Film aus Standbildern können als Unterrichtsziel gewählt werden. Auch Seitenwege sind vorstellbar: Mit der Makroeinstellung an der Videokamera und mit der Bewegung der Kamera können Bilder so stark verfremdet werden, daß aus der ursprünglichen Bildergeschichte eine Art Experimentalfilm wird, in den auch neue Bildideen eingearbeitet werden können.

BILD	DIALOG	GERÄUSCH / MUSIK
Zu Dionys, dem Tyrannen, schlich Damon, den Dolch im Gewande; ihn schlugen die Häscher in Bande.		O-Ton (Handlungsgeräusche)
DIONYS (wütend, mit finsterer Miene)	„Was wolltest du mit dem Dolche, sprich!"	
DAMON (entschlossen)	„Die Stadt vom Tyrannen befreien!"	
DIONYS (aufbrausend)	„Das sollst du am Kreuze bereuen!"	

Bild 30: Schema für ein Drehbuch zu Schillers Ballade „Die Bürgschaft"

Anmerkungen zu den Aufgaben S. 121

1 Beim Hörspieltext wird in dem Textbild des Drehbuchs die Spaltenüberschrift BILD durch ERZÄHLER ersetzt.

2 Geräuschnachahmungen sind nicht nur bei fehlenden Originalgeräuschen notwendig, sondern oft auch zweckmäßig, wenn diese vorhanden, aber von starken Nebengeräuschen umgeben sind.
Beispiele für Geräuscherzeugung:
- Donner – ein großes Blech mit beiden Händen an einer Kante fassen und fest schütteln
- Regen – Erbsen in einem Sieb hin- und herschütteln
- Scheibenklirren – Kronkorken auf eine Steinplatte schütten
- Telefonstimme – in einen Plastikbecher sprechen
- Schuß – mit einem Lineal auf den Tisch schlagen

Im Atelier eines Storyboard-Zeichners

(S. 122/123)

Martin Pfaender (* 1956 in Stuttgart) studierte nach dem Abitur Grafik und Malerei, war Gast der Villa Romana in Florenz und arbeitete als freier Künstler und Grafik-Designer. Seit 1989 ist er an einer Filmproduktionsfirma beteiligt und daneben als Comiczeichner erfolgreich. 1991 gewann er den Preis „German Comic Open" des Ehapa Verlags Stuttgart. Sein erstes Album mit dem Titel „Cyclobertrand" erschien 1993.
Die Bildseite (S. 123) entstammt einem Drehbuchentwurf (Storyboard) für eine TV-Produktion. Die verschiedenen Einstellgrößen wiederholen das Kapitel „Bildausschnitt" aus Grundsteine Kunst 1 und verweisen auf das nachfolgende Thema „Kamerafahrt" (S. 124). Das Bildmotiv des ermordeten Mannes nimmt die Medienwirklichkeit auch dieser Altersgruppe auf und kann Anlaß sein, über Absicht und Wirkung solcher bevorzugten Themen in Literatur (vgl. „Die Bürgschaft"), Comic, Film und Fernsehen zu diskutieren.

Im Mittelpunkt: Die Kamera

(S. 124/125)

Eine Äußerung des russischen Regisseurs Dsiga Wertow (1896–1954) aus dem Jahr 1923 zeigt die Begeisterung, die die Möglichkeiten einer bewegten Kamera bei den Filmpionieren auslöste: *„Ich (im Sinne einer personifizierten Filmkamera; Anm. des Verfassers) bin die Maschine, die euch die Welt so zeigt, wie nur ich sie zu sehen imstande bin. Von heute an befreie ich mich von der menschlichen Unbeweglichkeit. Ich bin in ununterbrochener Bewegung. Ich nähere mich und entferne mich von den Gegenständen, ich krieche unter sie, ich klettere auf sie, ich bin gleichauf mit dem Kopf des galoppierenden Pferdes, (...) ich erhebe mich mit den Flugzeugen, ich falle und fliege zusammen mit fallenden und auffliegenden Körpern".*
(Wertow, 1923)
Das Zoomobjektiv gehört heute zur Grundausstattung einer Videokamera. Der Versuchung, damit aufwendige Standortwechsel und Kamerafahrten zu ersetzen, sollte man nicht erliegen. Jede dieser Kamerabewegungen hat ihre eigene Wirkung mit der jeweiligen Entsprechung zu der visuellen Wahrnehmungserfahrung. Wenn dies nicht beachtet wird, entstehen Irritationen ohne gestalterische Konzeption. Das Zoomen verändert die Raumwirkung (vgl. S. 118) innerhalb eines Wahrnehmungskontinuums und wirkt deshalb wie eine Art Verfremdung, die gestalterisch begründet sein sollte.
Für Kamerabewegungen sind einfache Fahrzeuge verwendbar, etwa ein Einkaufs- oder Kinderwagen; mit einer Wippe können vertikale Schwenks ausgeführt werden (wobei eine Person Hilfestellung geben muß).
Seite 124 thematisiert die Gestaltung mit („hinter") der Kamera, Seite 125 bringt das Geschehen vor der Kamera „ins Spiel".

Zur Person Rainer Werner Fassbinders

1967 sammelte Fassbinder erste Bühnenerfahrungen am Münchner „action theater". 1969 gründete er zusammen mit einer Gruppe aus diesem Ensemble eine neue Theatertruppe, das „antitheater". Im selben Jahr drehte er seinen Debüt-Film „Liebe ist kälter als der Tod“ und drei weitere Filme (*Katzelmacher; Götter der Pest; Warum läuft Herr R. Amok?*), die ihn schlagartig bekannt machten. Zwischen 1970 und 1982 kamen weitere 22 Filme und Fernsehproduktionen hinzu, u. a. „Berlin Alexanderplatz“ nach Alfred Döblin als 14teilige TV-Serie. Außerdem trat er in eigenen und Fremd-Produktionen als Schauspieler auf. Diese große Produktivität macht ihn zu einer der bedeutendsten Figuren der deutschen Filmgeschichte.

Anmerkungen zu den Aufgaben S. 125

1 Das Team aus Regisseur, Kameramann und Schauspieler (die hier aus Gründen des zur Verfügung stehenden knappen Textumfangs verwendeten üblichen Maskulinformen müssen im Unterricht durch die Femininformen ergänzt werden, damit sich nicht die Vorstellung von „Männerberufen“ verfestigt) ist zu erweitern durch Tonmann/Tonfrau und Beleuchter/in, Regie- und Kameraassistent/in (Aufnahmeprotokoll und -kontrolle nach dem Drehbuch bzw. Hilfestellung beim Einsatz der Kamera), Ausstatter/in (verantwortlich für Maske, Kostüme und Requisiten), Aufnahmeleiter/in (organisiert alles am Drehort) und Produktionsleiter/in (regelt und verantwortet die Einstellung der Mitarbeiter, die Finanzierung und Organisation der Gesamtherstellung).

Literatur:

Wertow, D. in Gebauer, D./Wolf, S.: Der sowjetische Revolutionsfilm; Institut für Film und Bild, 1974

Im Wechsel liegt die Wirkung

(S. 126/127)

Das Erkennen der dargestellten Wirklichkeit im Film ist scheinbar schnell erlernbar, das fotografierte Bewegungsbild erscheint für den naiven Betrachter gleichsam identisch mit der tatsächlichen Wirklichkeit. Doch gerade diese hohe Analogie zwischen Wirklichkeit und ihrem Bild erschwert dessen Verständnis, indem der Blick auf die mediale Struktur verdeckt bleibt.

Der Text von Bela Balazs (1884–1949), ungarischer Filmtheoretiker und Schriftsteller, versucht die Darstellung von Bewegung und deren Wirkung als spezielle Eigenart des Mediums Film anschaulich zu machen, wie dies auch durch den Text von Dsiga Wertow (LH, S. 84) in Bezug auf die Kamerabewegung deutlich wird. Der Begriff der Bewegung beim Film wird somit in dem Kapitel unter drei Aspekten behandelt: die Bewegung **mit** der Kamera (S. 124), die Abbildung einer Bewegung **vor** der Kamera (S. 125) und die **erlebte** Bewegung im Kopf des Zuschauers (S. 126).

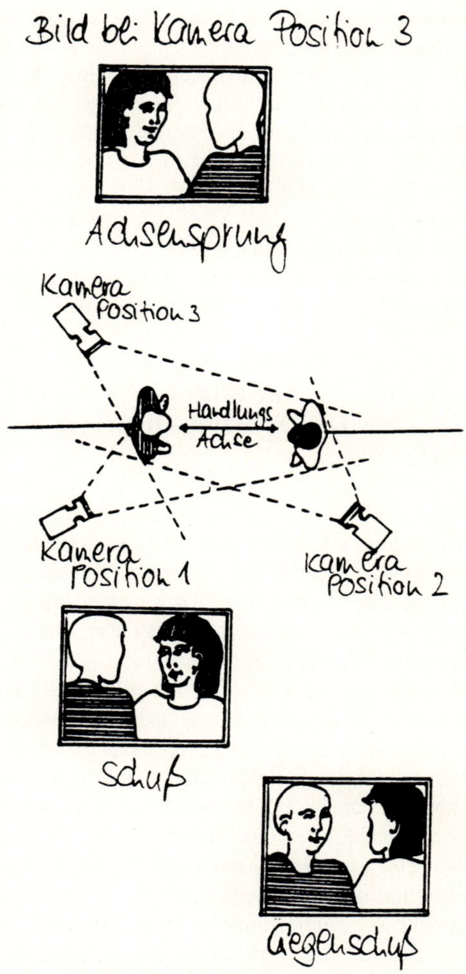

Bild 31: Handlungsachse und Kameraposition

Der Begriff „Montage“ in Grundsteine Kunst 2 bezieht sich auf formale Gestaltungstechniken, während die inhaltlichen Möglichkeiten der Montage (Parallel-, Kontrast- oder Analogiemontage u. a.) Thema im Band Grundsteine Kunst 3 sind.

Die auf Seite 127 aufgeführten Gestaltungspunkte sind grundlegende Orientierungshilfen für den Betrachter des Filmbildes; die Punkte 4 und 5 behandeln dabei die räumliche Orientierung. Da mit dem Wechsel der Einstellungen meist eine Veränderung der Kameraposition einhergeht, die kontinuierliche Beobachtung also ständig unterbrochen wird, müssen die Dinge ihre Position im Filmbild beibehalten, da sonst die Orientierung des Betrachters zusammenbricht. Deshalb muß die Kamera trotz der Positionswechsel auf einer Seite der Handlungsachse verbleiben, denn nur dann ist die Rechts-Links-Verteilung im Bildfeld konstant (LH, Bild 31).

Beim Seitenwechsel der Kamera in bezug auf die Verbindungslinie (Handlungsachse) zwischen den beiden Personen erscheint dieselbe Person einmal im rechten und das andere Mal im linken Blickfeld, was die Orientierung des Zuschauers irritiert.

Der Rhythmus der Bilder Der Ton zum Bild

(S. 128/129)

Der Begriff einer „Grammatik der Filmsprache“ muß unter zwei Gesichtspunkten gesehen werden. Einerseits verweist er auf den Sprachcharakter im Gebrauch der Medien Film/Video; er verdeutlicht, daß bestimmte Regeln im Aufbau der Zeichenstrukturen (Syntax) und im Verstehen der Strukturen (Semantik), wie diese auf den Seiten 127 und 128 dargestellt werden, als verbindlich angesehen werden können. Andererseits sollte aber gerade der Kunstunterricht grammatikalische Setzungen im Gebrauch von Bildzeichen immer auch als Anlaß sehen, solche Regeln in Frage zu stellen, Abweichungen zu erproben. Dies entspricht auch der Diskussion in der Filmtheorie, nach der es eine festschreibbare Filmgrammatik, etwa analog der Wortsprache, nicht gibt. Syntax und Semantik der Filmsprache formieren sich immer wieder neu.

Anmerkungen zu den Aufgaben S. 128

1 Die Zusammensetzung der Einstellungen in einer Nachrichtensendung wird weitgehend vom aktuellen Informationswert der Bilder und weniger von filmgestalterischen Gesichtspunkten bestimmt. Bei einem Werbespot hingegen bestimmt der Rhythmus der Bildfolge (weich und fließend oder hart und abgesetzt, ruhig oder beschleunigt) entscheidend die beabsichtigte Wirkung der Bilder.

2 Die Bearbeitung des Aufnahmematerials aus der Aufgabe von Seite 125 kann berichtend wie eine Nachricht erfolgen (z. B. gleichbleibende Kameraposition und lange Einstellungsdauer) oder mitreißend wie ein Werbespot (z. B. wechselnde Kamerapositionen und Bildausschnitte und schnelle Einstellungsfolge). Je vielfältiger das Aufnahmematerial ist, desto unterschiedlicher sind die Bearbeitungsmöglichkeiten.

Anmerkungen zu den Aufgaben S. 129

Zur gestalterischen und technischen Realisierung der Playback-Szene und der Veränderung des Originaltons von Fernsehnachrichten wird verwiesen auf die Themen „Licht und Beleuchtung“ und „Videonachvertonung“ in Grundsteine Kunst1.

1 Musikaufnahme

Um mit dem Mikrofon näher an die Tonquelle zu kommen und damit Störgeräusche auszublenden, wird das Kameramikrofon abgenommen und durch ein Verlängerungskabel mit der Kamera verbunden, bzw. ein externes Mikrofon mit dem Kabel an der Anschlußbuchse der Kamera eingesteckt. Kugelförmige Mikrofone nehmen den Ton in einem weiten Winkel (gestreut), keulenförmige Mikrofone in einem engen Winkel (gerichtet) auf.

2 Nachvertonung

Bei der Nachvertonung wird das Kabel von der Tonquelle (z. B. Walkman, Discplayer, Mikrofon) in den Videorecorder eingesteckt. Beim Abspielen der Videokassette wird die Audio-Dub-Taste gedrückt, wodurch der Originalton auf dem Videoband gelöscht und dafür der externe Ton aufgespielt wird.

Den richtigen Einsatz steuert man mit Hilfe der Pausentaste am Videorecorder. Sollen externe Töne mit dem Originalton auf der Videokassette gemischt werden, muß der Videorecorder 2 Tonspuren besitzen, die im Recorder dann gemischt werden (O-Ton auf Spur 2 und externe Musik auf Spur 1).

Literatur

Bachmann, Gideon: Bewegte Bilder, Weinheim 1977

Bürer Margrit/Nigg Heinz: Video; Zürich 1990

Cortesi, Mario: Achterbahn oder So wurde ein Jugendfilm gedreht, Ravensburg 1980

Monaco, James: Film verstehen; Reinbek bei Hamburg 1980

Probst, Irmgard/Hasler, Paul: Film und Fernsehen, Zürich o. J.

Truffaut, François: Mr. Hitchcock, wie haben Sie das gemacht? München 1973

1. Didaktisch-methodische Erläuterungen

Seit Erscheinen von Band 1 der Grundsteine Kunst hat sich der Einsatz des Computers im Kunstunterricht weiter verbreitet und in der Akzeptanz verbessert. Die Bedeutung des Computers für den Kunstunterricht steht jetzt wohl außer Zweifel. Diesbezügliches Engagement der Lehrer wird aber nicht nur durch mangelnde Hardware, sondern auch durch fehlende Ausbildung gebremst.

Die Grundsteine Kunst 2 sollen deshalb dem interessierten Lehrer bzw. der Lehrerin wieder Beispiele und Hilfen anbieten, wobei hier auf den grundlegenden Ausführungen von Band 1 aufgebaut wird. Auch für Band 2 gilt wie schon vorher: Das Kapitel Computer versteht sich nur als ein Anreiz für diejenigen Lehrer, die daran interessiert sind, und die Möglichkeiten zum Computereinsatz im Kunstunterricht haben (was die persönliche Fortbildung und das Vorhandensein von Hard- und Software anbetrifft).

In jedem Fall sollte nicht vergessen werden, daß leistungsfähige Computer immer häufiger Einzug halten, sowohl im familiären als auch im schulischen Bereich. Schüler und Schülerinnen werden immer öfter mit dem Computer konfrontiert und beschäftigen sich auch mehr damit. Vielfach verfügen sie schon über profunde Kenntnisse nicht nur im allgemeinen Computergebrauch, sondern auch in Grafikprogrammen. Außerdem wird in der Regel jetzt mit informationstheoretischer Grundbildung in den Schulen begonnen. Unser Fach sollte sich dem nicht verweigern, sondern die Chancen nutzen, die die Arbeit mit Grafik- und Bildbearbeitungsprogrammen im Kunstunterricht bieten.

Die Schüler und Schülerinnen lernen dort einen wichtigen Teil der Möglichkeiten des Computers kennen – die Methoden der Bilderzeugung und Bildbearbeitung. Unter anderem zeigt ihnen dieses Segment auch eine Anwendung, die sich von den sonst für PCs dominierenden Daten- und Textverarbeitungsanwendungen abhebt, nicht zu vergessen auch von den (teilweise primitiven) Computerspielen.

In Band 1 wurde noch der Einsatz des Commodore-Amiga PC empfohlen. Inzwischen haben sich aber MS-DOS PCs im Grafikbereich weiterentwickelt, und die Software ist wesentlich leistungsfähiger, umfassender und billiger geworden. Die meisten Bundesländer empfehlen im Bildungsbereich als Betriebssystem MS-DOS, um eine Vereinheitlichung und Kompatibilität zu erreichen. MS-DOS ist eben das meistgenutzte Betriebssystem. Hier scheint sich leider eine Entwicklung wie im Bereich Video zu wiederholen: Das schlechteste System (bei Video war es VHS) entwickelt sich nachher zu dem meistverbreitetsten. Kunstlehrer kommen wohl nicht umhin, die in den Schulen installierte Hardware (und das sind in der Regel PCs mit MS-DOS-Betriebssystem) mitzunutzen. Es gilt also diesbezüglich bei Neubeschaffungen, daß der Fachbereich Kunst rechtzeitig Interesse bekundet und eine Mitnutzung signalisiert, damit die Hardware entsprechend konfiguriert wird.

Immerhin kann in der Regel davon ausgegangen werden, daß jetzt bei Neuinstallationen meist 386er PCs mit VGA-Grafikkarte und Farbmonitor angeschafft werden. Denn nur damit kann auch moderne Textverarbeitungssoftware (z. B. „Works für Windows") angewandt werden. Auch der Einsatz von „Windows" als Benutzeroberfläche verlangt nach einer ausreichend schnellen und leistungsfähigen Hardware. Erfreulicherweise hat sich endlich auch bei MS-DOS PCs eine insbesondere für Schüler geeignete Benutzeroberfläche durchgesetzt. Windows entspricht weitgehend der „Workbench" des Commodore-Amiga, bzw. der Benutzeroberfläche der Apple-Macintosh-Computer. Windows wird meist schon beim Computerkauf mitgeliefert, ist aber ansonsten sehr preisgünstig. Das Paket beinhaltet eine Menge Hilfsprogramme, mit denen gut gearbeitet werden kann: u. a. eine Textverarbeitung, die auch Bilder lädt („Write") und ein kleines Malprogramm („Paintbrush"). Mit Write lassen sich auch Bild-Text-Layouts erstellen, mit Paintbrush einfache Grafiken. Das inzwischen große Angebot an Mal- und Grafiksoftware benötigt meistens Windows als Grundlage. Aber auch für MS-DOS ohne Windows ist preiswerte Software reichhaltig im Angebot. Wem die kommerzielle Software zu teuer ist, der kann auf äußerst preiswerte Share-Ware-Angebote zugreifen.

Außerdem soll noch erwähnt werden, daß bei diver-

ser Hardware (Maus, Soundkarte usw.) und bei Softwarepaketen oft Mal- und Animationsprogramme „kostenlos“ mitgeliefert werden.
Als Mal/Grafikprogramm sollte pixelorientierte Software eingesetzt werden, da diese sowohl Zeichnen und Malen als auch Fotobearbeitung ermöglicht. Vektorprogramme sind in jedem Fall für die Altersstufe zu schwierig und im schulischen Bereich selten sinnvoll, da sie zu komplex sind, zu sehr mathematisch-konstruierend vorgehen und somit freies, kreatives und spontanes Arbeiten behindern. Die Einlernphase ist außerdem extrem lang. Und schließlich lassen sie eine Bearbeitung von eindigitalisierten Fotos und Bildern nicht zu.
Zwar sind die Hardware-Preise gefallen, aber dennoch kann nicht erwartet werden, daß die Computerarbeitsräume mit allzuviel Arbeitsplätzen ausgerüstet sind. Für den Kunstunterricht wäre eigentlich ein Gerät für jeden Schüler wünschenswert. Da sich dies wohl kaum verwirklichen läßt, ist die übliche Belegung mit zwei Schülern/Schülerinnen pro Arbeitsplatz die zweitbeste Möglichkeit. Die Arbeit zu zweit wird allgemein als kommunikativ förderlich angesehen. Gerade im Kunstunterricht aber sollte der Lehrer ausreichend dafür sorgen, daß auch beide Schüler gleichermaßen aktiv sind (z. B. an der „Maus“ usw.). Mehr als zwei Anwender/Anwenderinnen pro Computer ist allerdings im Kunstunterricht nicht sinnvoll.

Fächerverbindende Ansätze

Gestalterische Mittel der Fotografie sind mit dem Computer wesentlich leichter nachvollziehbar als im Fotolabor. Wie schon in Grundsteine Kunst 1 ausgeführt, ist auf Grund der elektronischen Bildverarbeitung (EBV) die klassische Fotolaborarbeit in der Schule kaum noch vertretbar. Abgesehen von der Hardware entstehen bei der EBV nur geringfügige Kosten; der Verlust haptischer Qualitäten, der bei der Computerarbeit beklagt wird, steht in keinem Verhältnis zum Gewinn durch Chemievermeidung und Arbeit bei Helligkeit. Dennoch kann es natürlich für das Verständnis der historischen Fotografie sinnvoll sein, einige „Initialriten“ der Fotografie durchzuführen, z. B. Fotogramme. Immer noch ist es für Einsteiger ein aufregendes Erlebnis, wenn bei schummriger Dunkelkammerbeleuchtung in der Entwicklerschale das Bild auf dem Fotopapier „kommt“.
Der Vergleich historischer Fotos von Stadtansichten mit heutigen Verhältnissen kann mittels Metamorphoseüberblendung gut veranschaulicht werden.
Die Bildergeschichte als Vorstufe zum Film läßt sich mit Hilfe von Multimediaprogrammen verwirklichen. Diese bieten die Möglichkeit vielfältiger Bildwechselgestaltungen. Die Multimediaprogramme erlauben auch Tonwiedergabe, wenn im Computer eine Soundkarte eingebaut ist. Soundkarten sind nicht so teuer und erlauben dadurch auch eine Zusammenarbeit am Computer mit dem Fachbereich **Musik.**
Für die Zusammenarbeit mit dem Bereich Video sind derzeit schon vielfältige Einsatzmöglichkeiten bei der Titeleinblendung und bei diversen Trickarbeiten (u. a. Einbindung eindigitalisierter Bilder) realisierbar.
Mit Echtzeitdigitizern (sogenannte „Capture-Boards“), die inzwischen als Steckkarten relativ preiswert angeboten werden, und der Softwaregrundlage „Video für Windows“ lassen sich (kurze!) Videosequenzen eindigitalisieren und dann komfortabel im Computer bearbeiten. Diese Videos, die, je nach Leistungsfähigkeit des Computers, in der Vergangenheit mehr oder weniger große „Briefmarkenbilder“ auf dem Monitor ergaben, sind inzwischen als Vollbilder realisierbar. Manche Hardwarelösungen mit Komprimierkarten (z. B. Fast Movie Machine Pro mit MJPEG-Option) können nach dem Schnitt das Video auch wieder in VHS-Qualität auf einen Videorecorder ausgeben. Die Länge der zu bearbeitenden Videos hängt von der Größe der Harddisk ab. Man kann aber auch Teile nur bearbeiten und hintereinander dann wieder auf Videoband aufspielen. Entsprechende Video-Editing-Softwarelösungen (z. B. Adobe „Premiere“) bieten alles an, was man sich für den Gestaltungsprozeß beim Erstellen eines Films nur wünschen mag. Experimentelle, kreative und gestalterische Möglichkeiten lassen sich dadurch wesentlich fördern.
Computerorientiertes Arbeiten im Kunstunterricht ist auch für andere schulische Aktivitäten nutzbar: Plakate, Aushänge, Einladungen, Schülerzeitung, Schulfest, Fotoarbeit, Videofilmprojekte.
Im Kunstunterricht sollten ständig Parallelen, Ver-

gleiche und Unterschiede der klassischen bildnerischen Elemente und Mittel mit denen der Computerarbeit verglichen und praktisch ausprobiert werden.

2. Kommentar zu den Doppelseiten

Gestalten mit dem Computer

(S. 130/131)

Für MS-DOS gibt es zwei „Malprogramm-Klassiker“: „De-Luxe-Paint“ und „Animator“ (beide können auch Animationen erstellen). Darüber hinaus sind viele Shareware-Programme auf dem Markt, die allerdings oft nur geringe Leistung erbringen. Ein gutes Programm ist NEOPAINT. In der Regel lohnt sich die Beschaffung eines kommerziellen Programms. Man sollte bei Software-Häusern kaufen, die sogenannte „Schulversionen“ anbieten. Damit verringert sich der Preis oft bis weit unter die Hälfte! Viele Hersteller bieten auch Paketkonditionen an. Diese sind interessant, da man ja sowieso entsprechende viele Lizenzen oder Netzversionen beschaffen muß. „CorelDraw“ z. B. wird als „CorelTeach“ sehr preiswert als 15-Platz-Version mit Lehrerbegleitmaterial und Schülerarbeitsheft usw. angeboten. Überhaupt ist CorelDraw ein interessantes Programm, das eine Fülle von Begleitprogrammen zu einem erstaunlich niedrigen Preis mitanbietet.

CorelDraw selbst (als Vektorprogramm) ist für den Kunstunterricht, wie oben schon erwähnt, seltener brauchbar. Enthalten ist aber im Programmpaket „CorelPhotoPaint“, ein Pixelmalprogramm. Ferner u. a. „CorelMove“, ein Animationsprogramm, und „CorelShow“, ein Präsentationsprogramm (für einfache Bilderschauen oder Multimedia-Präsentationen); „CorelTrace“ wandelt Pixelbilder in Vektorgrafiken und „CorelMosaik“ zeigt alle Bilder im Kleinformat auf einem Bildschirm. Von „Micrografx“ gibt es sehr preiswert „Photomagic“. Dieses Programm ist vom Preis/Leistungsverhältnis geradezu ideal für den Kunstunterricht (ca. DM 120,–).

Als Minimallösung geht auch „Paintbrush“ aus Windows, die Möglichkeiten der Montage und der Fotobearbeitung sind allerdings beschränkt. Die Fülle von gestalterischen Möglichkeiten und die entsprechenden Mengen an Menüs bzw. Icons in den meisten Programmen zwingen zu einer gründlichen Vorbereitung und Einarbeitung des Lehrers. Ausgewählte Gestaltungsoperationen sollten in Abschnitte gegliedert werden und mit Hilfe von Arbeitsblättern den Schülern und Schülerinnen Schritt für Schritt zur Übung gegeben werden. Schüler probieren gerne herum und „irren“ dann ziellos durch die diversen Angebote der Menüs. Nur durch konkrete Aufgabenstellung und Reduzierung auf einzelne Bereiche kann dem begegnet werden. Eine hinreichende Kontrolle beim Arbeiten sollte das „Probieren aller Möglichkeiten“ verhindern. Die Fülle der gestalterischen Möglichkeiten stellt sich aber als Problem auch dem Lehrer, denn die Einarbeitung in das Programm erweist sich als über die Maßen zeitintensiv. Hilfreich sind bei den meisten Programmen die „Tutorial-Files“ (Lehrgänge), die als erstes durchgearbeitet werden sollten.

Für die meisten Programme gibt es auch Lehrvideos.

Wenn eine informationstheoretische Grundbildung bei der Klasse noch nicht vorliegt, kommt auch der Kunstlehrer nicht umhin, vor der eigentlichen Malarbeit einige grundlegende Computeroperationen einzulernen, und zwar unbedingt: Laden, Benennen und Sichern von Bilddateien, einschließlich des richtigen Suchpfades für das jeweils gewünschte Verzeichnis (bei Windows sind voreingestellte Suchpfade hilfreich). Sowohl bei Einzelplätzen als auch im Netzwerk sollte natürlich von vornherein entsprechend dafür gesorgt werden, daß keine wichtigen Dateien überschrieben werden können, bzw. daß kein Zugriff auf Dateien anderer Schüler möglich ist. Die meisten Programme ermöglichen das Zeigen der Bilder eines Verzeichnisses als sogenannte „Thumbnails“. Alle Bilder werden als verkleinerte Bildchen auf dem Bildschirm dargestellt und können auch ausgedruckt werden. Ansonsten muß man die Bilder verkleinert auf einer Seite anordnen. Natürlich kann man auch alle Bilder hintereinander (evtl. verkleinert) ausdrucken und auf ein großes Blatt zum Anschauen aufkleben.

Anmerkungen zu den Aufgaben S. 131

2 Maloperationen sind in den Malprogrammen in der Regel leicht verständlich und ohne Probleme durchführbar.
Was das Drucken anbetrifft, so sind inzwischen preiswerte und leistungsfähige Tintenstrahldrucker auf dem Markt, die auf Grund hoher Auflösung sehr gute Ausdrucke liefern. Durch Ausdruckproben können die jeweiligen Grundeinstellungen ermittelt werden. Oft genügt die Möglichkeit der Aufhellung durch den Windows-Druckmanager nicht. Die Bilder sind meist zu dunkel oder zu kräftig. Dann muß im Malprogramm mittels entsprechender Bildbearbeitungsmaßnahmen noch weiter aufgehellt werden (Empfehlung: eher mit Gammakorrektur als mit Helligkeit, meist ist der Kontrast etwas „härter" zu machen).

Bilder mit dem Computer bearbeiten Wirklich wahr?

(S. 132/133)

Um Bilder elektronisch weiterbearbeiten zu können, müssen sie zuerst eindigitalisiert werden. Das „Einscannen" (teuer und umständlich) scheidet für den Schulgebrauch wohl aus. Digitizerkarten sind wesentlich flexibler im Einsatz und inzwischen recht preisgünstig. Es genügt ein Computer, an dem eindigitalisiert wird. Die Bilder werden dann über Diskette oder Netzwerk den Arbeitsplätzen zugestellt. Mit einer Videokamera lassen sich „Repros" von Bildern und Fotos eindigitalisieren. Porträts werden „life" eindigitalisiert. Die modernen Digitizerkarten sind Echtzeitdigitizer („Gamegrabber"). Mit ihrer Hilfe lassen sich auch aus laufenden Video

3

Computerbild	Herkömmliches Bild
neu, noch etwas fremd	altbekannt und vertraut
oft technisch kalt und glatt	„natürlich"
aufbauend, jeder Zustand fixierbar	geradlinig fortlaufend aufbauend
an jeder (abgespeicherten) Stelle wieder ansetzbar	„kein Zurück mehr"
„Fehler" korrigierbar	„Fehler" bei manchen Techniken kaum korrigierbar (Aquarell)
unsinnliches Arbeiten	Arbeiten mit allen Sinnen
Schwerpunkt Motorik der Hand (Maus) und starres Fixieren des Bildschirms	Motorik des ganzen Körpers und Gesamtwahrnehmung von Werk und Umgebung
Zeichentechnik durch Maus eher unbeholfen (Digitalisiertablett besser!)	Zeichentechnik organisch
Zeichenspur „parallel" (Mausspur ergibt Strich auf Bildschirm)	Zeichenspur direkt (Bleistift macht den Strich)
beliebig reproduzierbar in Originalqualität	einmalig, Reproduktion entspricht nicht dem Original
Kommunikation durch gute Transportmöglichkeiten optimal	Kommunikation zunächst „elitär", über Reproduktion nicht optimal
Wiederholungen oder arbeitsintensive Techniken (Verläufe!) werden maschinell abgearbeitet	Hoher handwerklicher Arbeitsaufwand für Unkreatives
Materialunabhängiger, freier (z. B. einfache Erstellung einer Bildmontage von Flächen)	Materialgebundener (z. B. Bildmontage von Flächen = Collage von farbigen Papieren durch Ausschneiden, Kleben …)

filmen Bilder eindigitalisieren („grabben"). Sollte kein Digitizer vorliegen, kann auf das Bildmaterial der „Tutorial-Files" der Software zurückgegriffen werden.
Die möglichen Manipulationen eines Fotos (nicht zu vergessen natürlich auch mögliche Gestaltungsabsichten schon bei der „Aufnahme" durch entsprechende Beleuchtung, Kameraperspektiven usw.) bei der EBV übersteigen die der traditionellen Fotolaborarbeit.
Neben bildtechnischen Veränderungen, die der Bildschirm anzeigt, sind auch noch Beeinflussungen bei der Druckausgabe möglich. Bildbearbeitungsmaßnahmen sind nicht nur mit der Malprogrammsoftware möglich, sondern schon in der Digitizersoftware integriert.
Daß es bei der EBV nicht nur um freie künstlerische Experimente geht, sondern schon um massive Absichten der Bildmanipulation, kann gut verdeutlicht werden (Paradebeispiel: Porträt sehr hell/sehr dunkel!).
Wesentlich schwieriger sind die Bildmontagen. Das Vorgehen der einzelnen Programme ist unterschiedlich. Hier sollte den Schülern der Altersstufe eine gut gängige und einfache Methode ausgewählt werden, was natürlich auf Kosten der „Professionalität" geht. Es kann aber beim Einsatz des Computers im Kunstunterricht nicht um das professionelle Ergebnis gehen. Sehr viel wichtiger sind Kenntnisse der grundlegenden Montagemöglichkeiten und Einsichten in die Möglichkeiten der Bildmanipulation. Deren Gefahren, insbesondere die Gefahr des manipulativen Eingriffs in die Persönlichkeit des abgebildeten Menschen, werden den Schülern vor allem bei der praktischen Arbeit einsichtig.
Vertiefen läßt sich das Thema durch weiteres geeignetes Bildmaterial, auch aus dem Bereich der klassischen (historischen) Fotomontage und der Presse.
In der Regel werden Schulen Computer mit VGA-Grafikkarten haben, deren Palette im Malprogramm dann 256 Farben verarbeitet. Damit können Montagen in der Regel problemlos bewältigt werden. Bei kleineren Paletten (z. B. 16-Farben-PCX-Bilder) ergeben sich oft schwerwiegende Farbanpassungsprobleme, d. h. es muß an eine gültige Palette angepaßt werden.

Anmerkungen zu den Aufgaben S. 133

2 Schminke, Bart und Frisur können durch Einmalen oder durch Montage von anderen eindigitalisierten Fotos erreicht werden; mit dem Computer ist dies wesentlich einfacher als mit den klassischen Verfahren der Retusche und Collage. Die Foto-„Doppelbelichtung" ergibt sich beim Computer durch Überlagerung mit entsprechendem Transparenzfaktor. In Stufen kann so eine Bildreihe mit kontinuierlicher „Überblendung" angefertigt werden.

Der Computer läßt die Bilder laufen

(S. 134/135)

Ein einfacher Einstieg in die Animation ist mittels abstrakter Themen möglich: z. B. „Erlebnisse eines Balls". Die einzelnen Animationen der Schüler können dann zu einem größeren Film aneinandergehängt werden.

Anmerkungen zu den Aufgaben S. 135

3 Für die Verwandlungsanimation mit dem Selbstporträt „bestellt" man im Animationsprogramm die gewünschte Anzahl Bilder (Frames):
1. Dann wird das Selbstporträt auf Bild 1 und 2 kopiert. Bild 2 wird entsprechend verändert und auf Bild 3 kopiert. Dieses wird wieder verändert und auf Bild 4 kopiert usw.
2. Das Selbstporträt wird auf alle Frames kopiert. Dann kann es beginnend ab Bild 2 verändert werden. Animationen, bei denen Bildteile durch Berechnung entsprechend bewegt werden, sind in der Vorplanung teilweise sehr komplex und sollten für die Altersstufe auf grundlegende Möglichkeiten beschränkt bleiben, d. h. im wesentlichen auf 2-D-Animationen.Echte Verwandlungen durch integrierende Berechnungen erstellen „Methamorphose"-Programme (z. B. „Photomorph"). Deren Sinn ist allerdings zweifelhaft, besteht doch die kreative Arbeit im wesentlichen nur in der Auswahl der Ausgangs- und Endbilder. Das ist aber bei den Schülern sehr beliebt, vor allem als abzuspielende Animation. Am beliebtesten sind Verwandlungen, z. B. Junge in Mädchen oder Schüler in Popstar.

Computeranimation im Fernsehen

(S. 136/137)

Ohne Titelanimationen startet kaum noch ein Film, ohne Einstiegsanimation kaum noch ein TV-Sender. Dabei entfernen sich viele TV-Sender weit von einer Logo-Animation; vielmehr wird eine „Orgie“ an aneinandergereihten Effekten „abgefahren“, die den Zuschauer oft erschlägt. Der Sinn dieser Shows, die natürlich auch zwischen Sendeblöcken oder Werbeeinschüben präsentiert werden, erscheint fraglich. Es scheint, als wollen die Computertrick-Grafiker der einzelnen Sender versuchen, sich gegenseitig mit immer leistungsfähigerer Technik auszustechen; dem Sender prinzipiell mehr Bedeutung durch technische Extravaganzen zu verschaffen.

Demgegenüber wirkt das ARD-Logo und seine Animation erfreulich schlicht, obwohl es zur Zeit seiner Erstellung etwas Besonderes war. Die grundlegende Idee der Vereinigung der zusammengeschlossenen Sender zum Ersten Programm „1“ ist formal klar und ohne viel „Schnick-Schnack“ aufgebaut worden. Dieses Logo und die hinführende Animation hat einen bemerkenswerten Symbolcharakter und bietet gleichzeitig auch durch seine Attraktivität und spielerische Bewegung Anziehung für die Augen des Betrachters. Hier wurde konsequent gestaltet und sich nicht in Technik verloren.

Weiterführende Anregungen zur Unterrichtsgestaltung

Da die Logo-Animation inzwischen verändert wurde, bietet sich ein guter Ansatz zum Vergleich der alten Animation mit den neuen Varianten.

Verglichen werden die Einstiegsanimationen der einzelnen TV-Sender: Wo wird mehr mit Logos gearbeitet, wo mehr mit einer Fülle von technischen Tricks; welche Logos sind mehr abstrakt gestaltet, welche Animationen beziehen gegenständliche Bilder mit ein?

Möglich ist auch der Entwurf eines eigenen Logos oder das der Klasse/Schule, mit dem dann eine kleine Animation ausgeführt wird. Verwendbar wäre das dann als Vorspann für eigene Videofilme.

Literatur:

K+U, Heft 139 „Computergrafik (2)“, Velber 1990

Oesker: Zeichnen, Malen, Drucken und Computer. BKJ, Remscheid 1990

Computer und Unterricht, Nr. 5/1992, 13/1994

BDK-Mitteilungen 3/92

Steller: E.: Computer und Kunst. Programmierte Gestaltung: Wurzeln und Tendenzen neuer Ästhetiken; Mannheim/Leipzig/Wien/Zürich 1992

Bildnachweis

Die im folgenden Verzeichnis nicht aufgeführten Abbildungen wurden von den Autoren zur Verfügung gestellt.

AEG, Frankfurt/Main: 23
Bildarchiv Preussischer Kulturbesitz, Berlin: 11, 14
Cartoon-Caricature-Contor/Petrovic, Zoran; München: 18
Deutsches Plakatmuseum, Essen: 8
Klotz, H., a.a.O.: 19
Kunstmuseum Bern: 4
Museum Folkwang, Essen: 29
Musée Rodin, Paris: 10
Sächsische Landesbibliothek, Deutsche Fotothek; Dresden: 5
SCALA, Florenz: 2, 13
VG Bild-Kunst, Bonn 1994: 4
Zankl, G./Heufler, G.: Produktgestaltung; Veritas-Verlag, Linz 1985, S. 36: 26
Züblin AG, Stuttgart: 20.1/2

Literaturnachweis

Braem, H.: Das magische Dreieck. Neue Geheimnisse aus dem Reich der Pyramiden. © by Weitbrecht Verlag in K. Thienemanns Verlag, Stuttgart/Wien 1992
Diekmann, Rolf: ... in „Der STERN“, H. 1990, Gruner + Jahr AG & Co, Hamburg
Gössel, P./Leuthäuser, G.: Architektur des 20. Jahrhunderts, Taschen Verlag, Köln 1990
Klotz, H.: Moderne und Postmoderne; Friedr. Vieweg & Sohn Verlagsgesellschaft, Wiesbaden 1985
Kunst und Unterricht, Heft 84, Friedrich Verlag, Velber 1984
Müller, Werner/Vogel, Gunther: dtv-Atlas zur Baukunst, Bd. 1 (Grafik: Inge und István Szász) © 1974 Deutscher Taschenbuch Verlag, München
Raeburn, M. (Hrsg.): Baukunst des Abendlandes; Deutsche Verlags-Anstalt, Stuttgart 1982
Zerbst, R.: Antoní Gaudí, Taschen Verlag, Köln 1985